生命，
　　因家庭而大好！

培養自主力，
讓孩子
從拖拉變積極

從學業、情緒、行為、語言、動作到社會發展，
有效協助 0 ～ 15 歲孩子掌握 6 大領域自主性！

* ♥ ↑ !??

法國神經心理學醫師

潔西卡‧薩芙－貝德柏 Jessica Save-Pédebos

安卡‧芙洛雷亞 Anca Florea　著

孫祥珊　譯

啟動孩子的學習動力

　　孩子的自主性，對家長而言是至關重要的課題。父母投注心力，絕大多數是希望孩子能透過各方面發展達到生理和心理的健康，未來在情感、學業及社交生活上充分感到幸福。

　　希臘文中，「自主性」（autonomie）由「自我」（autos）及「法則」（nomos）組成，這個詞因此意指個體遵循自身的行為規則來自主行動的能力，是自我認同的建構要素之一。引導孩子獨立自主，便是為他敞開通往成為「有主見、有獨立想法的個體」的大門。

　　本書提供的建議旨在制定策略，不只強化父母的育兒技巧，也鞏固孩子的自信心。從嬰幼時期開始，自主性能透過父母採取的一系列行動建立起來。能夠自主，便是對自己人生採取主動。孩子要成為主體，除了透過自身經驗的累積，也需要周遭關愛的目光，讓他在有安全感的框架中建立自我重視感。身為父母，意味著既要提供適合孩子不同層面發展所需的探索環境，又要以非常具體的方法來引導他發展自主性。我們將透過整本書說明這些技巧，分別處理語言、動作、情緒、行為、學業及社會方面的自主性。

獨立學習和思考的能力始於日常微小的舉動，透過循序漸進，承擔每個年齡階段適當的責任——孩子就是這樣建立起學習動力的。培養他面向世界、主動參與的態度，能讓孩子成為一位發現者。自主的孩子能發展出解決生活各方面問題的策略，並學習調節自己的行為和情緒。

　　除了提供日常生活的實踐建議，父母了解孩子心理和認知的發展也很重要。因此我們在本書會提到神經發育過程，特別是兒童大腦在與外界互動時逐步建立網絡的方式（有關學習障礙的非典型發展請見

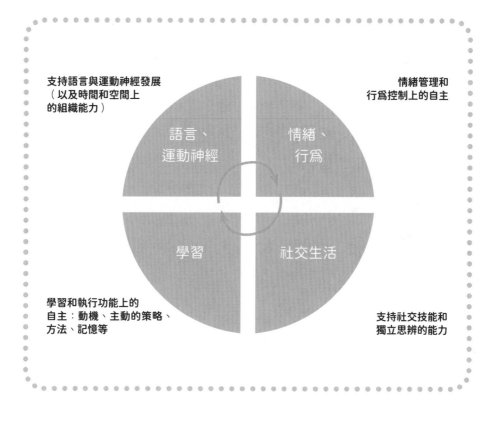

P119）。我們會看到，執行功能[1]對兒童生活各方面的自主性發展佔有決定性的作用。

事實上，這種認知功能對適應環境、進行目的導向的行動是不可或缺的，它使「調節行為並瞄準目標」成為可能。若說孩子的智力和情感潛能是學習、理解周遭世界的營養土壤，執行功能就是學業表現的關鍵要素（Morrison et al., 2010）。

菲利普·大衛·澤拉佐（Philip Davia Zelazo）等心理學家，將執行功能分為冷、熱兩種，「冷執行功能」反映認知決策（主要包括抑制衝動的抑制能力、工作記憶及應變能力），「熱執行功能」則牽涉情緒、動力、社交行為的管理，特別是能夠延遲滿足即時需求、考量到他人想法，以及運用「社會過濾器」[2]的能力。

即使先天遺傳因素對於執行功能的發展有一定的影響（Diamond, 2002.），後天環境也同樣重要（Hammond et al., 2012.）：父母精進支持孩子自主的方法，絕對可以產生不可否認的功效。因為大腦的可塑性，讓執行功能得以透過經年累月而鍛鍊、強化。這些日常生活中的訓練越早開始越好（即便執行功能的發育會持續到成年 ，Anderson, 2002;

---

1. 執行功能（executive function）是一種高層次的認知功能，負責完成一系列目標性的行為，包含了計畫、決策、彈性地轉換想法、抑制干擾因子等。
2. 社會過濾器：知道此刻什麼該說、什麼不該說，能夠「先思考再表達」的能力。

情緒及行爲管理（熱執行功能）

情緒控管

理解自身情緒並控制強度

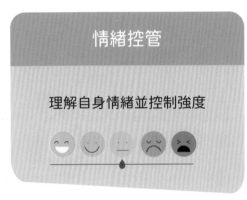

自我控制

引導自身行爲、處理挫折感

動力

精力管理及維持注意力
以達到終點

做決定

能夠在有情緒的
狀態下做出選擇

社交行爲

視情境調整自身行爲、
運用社會過濾器

認知決策（冷執行功能）

開始、啟動

能夠不倚靠他人啟動，採取主動

計畫、規畫

制定循序漸進的行動計畫

抑制衝動的抑制能力

過濾和剎車的能力

靈活性

改變觀點，根據情境調整解決方法

工作記憶

能夠同時記住並處理數種訊息

Roy et al., 2012.）。執行功能靠的是神經迴路，而前額葉皮質的發育，則對神經迴路產生決定性的作用（Anderson, 2002; Roy et al., 2012.）。

　　家長幫助孩子自主的態度，包括有策略性地讓他多當主動的一方，以及放手讓他在成人的注目及鼓勵下獨自做事。我們在這層意義上採取瑪麗亞‧蒙特梭利（Maria Montessori）的方法：「幫助我，讓我自己去做！」或是格言說的「在鑄鐵中成鐵匠」（「做中學」之意），後者也符合自主性和動機教學法。好的策略對孩子的動機養成將會是非常有力的驅動器，並且能強化他個體的效能感。

contents

什麼是自主性？

「媽媽來了，小寶貝，
你的點心忘記帶了！」

正向教養的重要性

「直升機家長」（Helicopter parent）一詞，源自心理學家海姆・吉納特（Haim G. Ginott）的著作《童年的困擾》（*Between Parent and Child*）。這個用語接著由福斯特・克萊恩（Foster Cline）和吉姆・費（Jim Fay）在 1990 年理論化，指的是在孩子上空「盤旋」、一有問題就俯衝去協助的父母。即便出發點是好的，這種掌控和過度關心的行為，卻會妨礙孩子本身自主性和自信心的發展。

會想保護自己的孩子、為他找尋最好的是正常的，但真正的挑戰在於「相信孩子有能力實現自我」。正向教養法提供很有益的觀點，讓我們了解如何在尊重孩子的同時，引導他培養自主性。這種方法建立在善意的溝通、確認孩子的需要以及尊重他的情緒上，並提供一個結構化但靈活的環境，能夠讓孩子內心感到安定。右頁舉了一些實際的例子。

正向教養法的育兒策略

+ 確實傾聽孩子：接收他的情緒，避免投射自己的情緒。如此有助於尊重和同理的溝通。

+ 在豐富多樣的環境中，提供刺激孩子探索的活動。

+ 給孩子選擇，而不是替他決定。你鼓勵的是積極合作而非消極控制。

+ 善用讚美魔法：當孩子完成一件你希望他經常做的事，要明確地稱讚他，例如：「好棒，你自己把車子收進玩具箱了！」

+ 為行為畫出明確的界線：在家庭會議中，一起制定家裡遵守的規則，並用肯定句提出（至多四至五條規則，且符合對該年齡合理的期待）。向孩子解釋不遵守規則，會造成什麼樣的邏輯性後果（而非訴諸處罰）。

+ 用正向語句，清楚地提醒你對他的要求。如果孩子不照做，再導向他希望的舉動（例如：「在家裡要好好地走，出去玩你就可以用跑的了。」）。

+ 當孩子做錯事或搗蛋了，教他如何做出彌補（而非處罰）；如此能增強他的能力感和責任感。

+ 最重要的是，明確表達出你對他的信心：「我相信你會有辦法的。」

鷹架理論

父母鬆開日常的控制，讓孩子有機會自己行動，對親子雙方都是有益的。你可以用其他方式陪伴他，而不是幫他完成諸如穿衣、整理等瑣事。更有建設性且更有意義的作法，是幫助他自我實現、自行培養各種技能，並為他感到驕傲。「放手」不代表「放棄」，相反地，是提供一個有架構、有刺激、有愛的環境，讓孩子在其中有行動的自由。鷹架的概念有助於理解如何參與孩子的自主性發展。

「習得」區間	近側發展區間	「尚未發展」區間
孩子能獨立完成的事	孩子在幫助下能夠完成的事	孩子就算在幫助下也無法完成的事

理想而言，日常生活中交給孩子的活動和任務，應當對他的執行功能產生刺激，並維持在他的「近側發展區間」[3]。對孩子現階段的能力而言，這些要達成的動作，對他應該是有點困難度的挑戰。給他的任

3. Zone of proximal development，簡稱 ZPD，亦譯為可能發展區、最近發展區，為蘇聯心理學家李夫‧維高斯基於 1978 年提出的概念。

務要能刺激他，但不至於讓他陷入困境（Berk & Winsler, 1995; Blair & Raver, 2015.）。此時，你的鷹架教養態度對他的需求會是適切的支柱。

鷹架實例

　　教孩子一個新技能，首先要盡可能接近他年紀所對應的能力，再一步一步勾勒出他所需要的輔助程度。我們可以先詢問他是如何分析目前面臨的問題（問他是怎麼想的）；接著，有需要的話，可以用口頭解釋如何進行；最後，在有必要的情況下，才實際操作給他看。舉孩子拼拼圖為例，當他向我們求助時要如何回應呢？重點是引導他，注意不要馬上介入太多，並視他自行解決此問題的能力為基準來調整作法。

幾個可行的介入例子

✦ 以態度表達關注和勉勵	鼓勵的動作、讚許的表情、以手示意他繼續，也可用手指引或以點頭的方式進行。
✦ 簡潔的強化語句	說「OK」或「仔細看」就好。
✦ 遇到孩子卡關時，鼓勵他觀察和思考	「來，我們看看，問題在哪裡？」
✦ 將問題清楚說出來	「好，所以你找不到接下去的拼圖，對不對？」
✦ 詢問細節	「應該要找什麼呢？」
✦ 如果有需要，口頭提示（有針對性的建議）	「要找什麼顏色？什麼形狀？」
✦ 如果有需要，提供解答並讓孩子去做	「嗯，我們要找的是有三個角，邊邊是粉紅色的拼圖。這塊好像可以，你試試看。」
✦ 指出並提供正向反饋	「哇好棒，你看吧！我們靠形狀和顏色找到了。」

　　這樣的教養態度有助於培養孩子的執行功能（尤其是計畫、解決問題的能力）。藉由提供選擇並認可孩子的觀點，可以強化他的個人效能感。在日常生活中，家長的支架可以在多種待學任務中，透過漸進式調整支撐：一開始經常介入，然後漸漸退出。就像學騎腳踏車的輔助輪，它讓孩子能夠穩穩地開始，等到孩子的平衡感和運動技巧增強，輔助輪就非必要了。許多日常挑戰都適用這樣的介入法，像是學繫鞋帶、做三明治、收拾書包……等等。

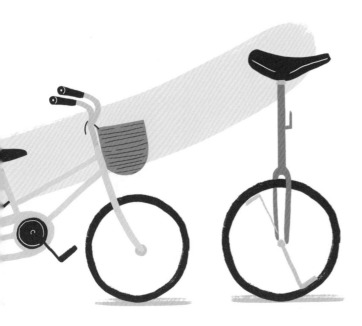

　　根據鷹架理論，孩子的執行功能和自主性的培養，是建立在父母的行為之上（Roskam, Stievenart, Meunier & Noël, 2014.）。家長確實是孩子生活中重要的榜樣，所以必須自我要求關於積極主動、組織規畫、彈性以及情緒調節的能力——身為家長，培養並訓練自己的執行功能，就是幫助孩子的方式之一。

CHAPTER 1

培養孩子的自主性

我們已經理解，想讓孩子培養自主性，家長的支持態度十分重要。接下來，我們要探討「依附」作為自主性的基礎，並說明嬰幼兒先天具備與外界溝通及探索世界的能力。我們會提出具體的作法，如何幫助孩子管理自己的日常活動、物品以及具備時間觀念。

依附：自主性及自尊的根基

根據英國心理學家約翰・鮑比（John Bowlby）的理論，嬰兒是一種「關係型生物」，天生具備呼喚「依附對象」（最主要照顧者）的內建行為，並強化與後者的關係，因為這攸關他的生存（例如進食）。事實上，依附行為是嬰兒的安全感基礎，使其接下來得以「脫離」、去探索世界。嬰兒越是感到安全，越對自己有良好的自尊，也能對他人懷抱信心，並具備探索世界的勇氣——這些都讓他能發展自我、成為自主的人，行為和情感層面皆然。這就是所謂的「安全感型」依附模式，而此外還有迴避型、焦慮矛盾型、混亂型等依附模式。

與生俱來的逐步自主能力

　　許多研究顯示，從出生開始，小小孩就擁有引領自己逐步自主的超能力。此連續階段在孩子身上都相同，只是有各自的步調。蒙特梭利教育法的創始人瑪麗亞‧蒙特梭利，是一位以教學法聞名的醫生，她於羅馬為弱勢社區的孩子成立兒童之家，在那裡觀察孩子，並建構她的教育方法。她注意到每個孩子都具備獲取知識的先天能力，我們只需提供安全的環境、適合孩子年齡的創意材料，就能讓他成為自身學習的主要驅動者。瑪麗亞‧蒙特梭利提到，零到六歲是「敏感期」，這段時間孩子就像海綿一樣，會大量吸收與其發展有關的資訊。

　　你可以看到，小小孩天生就具備能力，能以自己的步調往自主邁進。對於探索世界的渴望，會激發孩子對環境的興趣，讓他透過語言和肌肉運動機能，進一步發現、理解世界。

敏感期的各個階段

+ **語言敏感期（約 2 個月到 6 歲）**：在這段期間，孩子會吸收周遭的各種語言。

+ **動作敏感期（約 18 個月到 4 歲）**：在這段期間，孩子會增進身體平衡並發展小肌肉[4]。

+ **秩序敏感期（約 0 到 6 歲，巔峰期是 1 歲半到 2 歲左右）**：在這段期間，孩子會自我定位，並為世界建構一個形象，常會花時間將物品排序、分類。

+ **感官探索敏感期（約 1 歲半到 5 歲）**：在這段期間，孩子會透過觸摸、傾聽、觀看、嗅聞、品嚐去認識世界，也學習並發展自身的五感。

+ **社會化敏感期（約 2、3 歲到 6 歲）**：在這段期間，孩子會觀察並複製周遭人們的行為，以便融入環境並歸屬其中。

+ **小物件敏感期（約 1 歲到 3 歲）**：在這段期間，孩子對抓握和觀察細小事物（如小石子、昆蟲、碎屑）的興趣增加，這能幫助他認識周遭世界並使感官更趨敏銳。

---

4. 小肌肉屬精細的運動機能，例如撿拾、寫字等。大肌肉運動機能則用於行走、跑步等肢體活動。

語言能力的發展

出生開始

嬰兒會對聲響做出反應，也會認出胎兒時期聽見的父母聲音，並用動作（定睛注視、改變姿勢、2 個月左右開始微笑）及發聲（叫、嘴巴出聲）做出回應。

父母重要的是和嬰兒產生安全感的接觸（輕撫、搖晃、懷抱、撓癢癢、使用輕柔的聲音），並用話語向他描述身邊發生的事（動作、情緒等）。

3 個月起

寶寶開始發出漸趨複雜的聲音（「啊啊啊」、「哎」、「叭叭叭」），也就是所謂的牙牙學語。他們對周遭環境會有越來越多的反應，亦會大笑出聲。

在這個階段，寶寶喜歡有聲音和發光的玩具，喜歡我們唱歌或用嘴巴發出各種聲音，並為他指出周遭物品的名字。

7 到 10 個月

寶寶開始發出越來越多變的音節。他們用叫聲吸引注意，模仿成人抑揚頓挫的音調，並發展與成人對話的能力。

父母可以唱歌並模仿童謠的動作，稱讚寶寶（用動作和話語對他表達：「你好棒！」）、玩遮臉躲貓貓遊戲，與他分享身邊人和物的名稱，還有大人正在做什麼動作，一起看有聲書、圖畫書、觸摸書等。

12 個月左右

寶寶開始發出簡單的字，如「媽媽」、「爸爸」、「睡覺」、「喂」、「要」、「不要」……等。他們的話變多，會假裝打電話、模仿通話的樣子；理解的字越來越多，並且會觀察大人的反應；也會用動作表達，尤其是用手去指。

想要多刺激寶寶的語言能力，你可以和他一起看書、說故事給他聽、聽簡單的童謠（例如「頭兒，肩膀，膝，腳趾」）、唱歌、跳舞，帶他在屋裡走動並告訴他碰到的物品名稱（「這是椅子，這是床。」），或是模仿動物或東西的聲音。

16 至 20 個月之間

孩子開始使用更多的字（介於 6 到 20 個之間），並漸漸開始將字連起來（像「娃娃睡覺」）。他們會藉由複述成人的話增加字彙量，這也是他們發現「不要」的時期（比「要」更常講！）。

我們可以向孩子解釋越來越多事情，像是問他在做什麼或是看到什麼，給他簡單的指令，向他解釋書裡的圖，以及環境中的物品與慣常會

做的活動是什麼，或是當你與他在戶外玩耍時，教他身體的部位名稱、各種情緒的名稱。你也可以將他的用字，組合成正確的句子給他聽。

2 歲起

孩子可運用的字彙增加到約 50 個，大多是他日常的物品；可以組二、三個字的句子，也會提出要求，並用名字稱呼自己。

因為孩子的語言與成人越來越接近，親子間的對話變多了。可以讓他做圖像的活動（陪他描線條、畫形狀）、益智遊戲（如賓果、記憶遊戲卡、配對遊戲卡、哆寶 [5] 等），一邊口頭描述進行的活動。

3 歲起

孩子的字彙量在 400 到 900 之間，他們的句子越來越長；學會用「我」自稱並使用形容詞，會唱歌，差不多會數到 3，也會開始編故事。

這個年紀的孩子會開始問很多問題，回答他們是非常重要的（雖然需要一定的耐心和時間）。你可以讓他們進行分類活動（例如動物類、水果類、食物、顏色等）、角色扮演，為他們唸更長的故事，或用任何東西和他們一起編故事，並提問、討論各種事情來鼓勵他們說話。最重要的是，要表現出很喜歡與他們相伴！

5. DOBBLE，一種兒童桌遊。

運動機能的發展

我們已知道孩子語言能力增長的速度，會受到周遭互動及語言環境品質所刺激。除此之外，運用運動機能來探索環境，也能幫助孩子自主性的發展。孩子所處的環境應該豐富多變且符合他的潛能（可及的範圍、適合他的視線），以及有秩序、清楚的規則（強調愛惜物品的重要性，東西用完收好，下次才找得到）。這時，小孩的大小肌肉會日漸有力，讓他能自己完成日常生活中的動作。我們可以發現，提供組織和計畫方面的具體協助，可以讓孩子學會許多技能，並變得更加自主！

自由的運動機能

「自由的運動機能」概念是由匈牙利小兒科醫生艾米・皮克勒（Emmi Pikler）所提出。她認為，孩子天生就具備發展運動機能的能力，毋須外界干預；我們要做的，就是避免讓孩子處在一個無法自行脫困的環境。小小孩可以在成人的留意下，自己用身體、環境體驗，成人可以提供適合的玩具和遊戲墊，並口頭鼓勵他。關愛的眼神，對於讓孩子感到安全是不可或缺的，能幫助孩子建立自尊與自己的步調。艾米・皮克勒認為，小小孩是自身運動機能發展的行動者：他們從嘗試中學習，主動參與自身自主性的建立。這種運動的自由度，對於建立積極和好奇的精神也十分有助益。

受限的
運動機能

· 探索範圍有限
· 姿勢固定
· 動作受阻

自由的
運動機能

· 發展身體基模[6] （Schema）
· 自由動作
· 強化肌肉

6. 意指個體對身體的姿勢、移動和
   位置的認知。

幫助自主動作的方法

有規律的環境有助於孩子自行開始一個新動作，並採取主動的態度：把物品放在他唾手可及的位置（例如他的餐具組，方便他自己擺上桌），幫助他進行時間管理及規畫任務。小小孩通常會要求自己來，但執行上遇到的困難很容易讓他氣餒。父母的一些具體協助，能幫助他建立自主性及自信心。

鼓勵他參與分工及模仿

第一步，給他日常生活的物品讓他玩耍。例如：一個裝有不同材質的籃子、梳子、曬衣夾、空瓶、木製餐具……等，可以訓練他的動作協調及生活物品的運用，進而滿足他模仿的需求，並有助於他探索周遭的環境。除此之外，環扣小提箱、拉鍊、鈕扣也可以讓他練習相關的動作。若想教他參與家務分工，可以在孩子的可及之處，如冰箱或食物櫃，放置他的早餐或點心材料。你還可以利用畫好的餐墊（如下頁例圖所示），或以鮮明的顏色表示每種餐具的擺放位置。

我們也可以在出發採買前給孩子任務清單，讓他記住幾樣他負責的清單物品（從二、三樣開始，循序增加，以讓他成功完成任務為前提）。孩子通常會十分積極主動（有自己的小推車、把貨架上找到的商品擺出來），並對能幫到爸媽而感到驕傲。這個任務整體來說非常有

益：它講求記性、組織能力，以及選擇性專注的能力。在孩子很小的時候，可以為他準備一張以圖片顯示的購物清單（可列印或剪貼商品圖片，或直接將部分包裝保留起來下次使用）。

將日常任務分解成許多動作

身為成年人，許多一般性的任務如穿衣、整理房間、做作業，都理所當然也輕而易舉。但對孩子來說，這些任務都非常複雜而且抽象，在他眼中可能有如要跨越一座高山般困難，讓他頓失勇氣，只想逃避。要完成一項任務，孩子必須清楚各個步驟，以及從何開始，這對他來說都不是那麼容易。

要培養孩子自己開始一系列動作（例如穿衣、刷牙）的能力，父母需要協助他將動作排出步驟順序，並確實記錄下來。你可以把步驟圖貼在牆上，讓他能夠自己開始！在 Hoptoys 網站（www.hoptoys.fr）上也可以找到許多分解動作。有條理的環境對於孩子習得自主性是非常有幫助的，孩子也能證明自己可以照著步驟完成，這會讓他感到非常自豪！

至於整理房間，若有方便他使用的箱子、籃子，執行起來會更加容易。用玩遊戲的方式，會讓任務更加有趣，你可以播放振奮的音樂或用計時的方式，和孩子一起挑戰！

一起收納吧！

時間管理

　　時間定位感非常重要，孩子因此能規畫並預期接下來的活動。缺乏時間定位感的孩子會感到迷失，進而產生壓力，對父母也會更加依賴。

　　網路上有一些影片，教你如何用 24 小時制的時鐘自己做視覺時鐘（例如 YouTube 頻道 MiniMouns[7]）。這種時鐘的鐘面可以呈現一天當中的不同時刻，標示出該時刻幼兒要做什麼的圖示（一般時鐘對六歲以下的孩子太抽象了）。

　　另外，法國益智玩具品牌 Oxybul 也有推出教學手錶[8]，有助於 5 到 6 歲的孩子學習時間判讀（它以顏色區分時針與分針，並將 12 小時與 60 分鐘的刻度一併呈現在錶面上）。

7.　https://www.youtube.com/watch?v=UOR8w-M4W4Y
8.　可搜尋「montre pédagogique Oxybul」。

同樣地，週曆也能提供孩子時間安排的參照。例如在益智玩具品牌 Oxybul 可以找到讓孩子確認日期、季節和天氣的週曆[9]。你也可以自己製作，加上孩子週一到週日所進行的活動圖示。滑動式週曆是另一種方式，可以協助孩子用視覺取得資訊（如果一般的週曆會讓他感到困惑的話）。你也可以借助童謠，讓「今天星期幾」的概念自動化。

　　此外，你可以在孩子的書包別上登山扣環，用來掛留言板，提醒當日要帶去上學的物品（取決於星期幾、上課科目、是否在校午餐或安親時間等）。

9. https://www.idkids.fr/horloge-calendrier-en-bois-120628

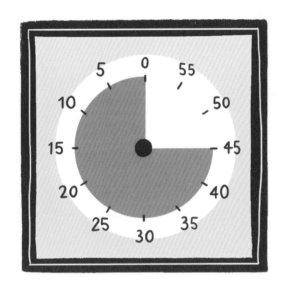

　　Time Timer 倒數計時器可以將時間的流逝視覺化，讓極為抽象的時間概念變得具體，你可以善用這項工具幫助孩子理解時間。剛開始時，建議用遊戲的方式讓孩子學習使用，比較不會感到壓力，例如問：「你覺得洗澡會花幾分鐘？院子走 3 圈要幾分鐘？把玩具收到玩具箱要幾分鐘？」等等。Time Timer 也可以讓活動與活動間的轉換變得容易，因為它讓孩子有心理準備，並且明確標示一項活動的終止：只要事先告訴孩子，當計時器響起，他就必須停下手邊進行的活動。從小使用計時器有很多好處，漸漸地，它會成為一個工具好夥伴，對孩子有效率地進行日常的例行事項和時間管理，都很有助益。

例行常規的好處

研究證實，例行常規的建立對孩子如同支架：它讓孩子樹立生活中的目標並依步驟達成（Brody & Flor, 1997.），能增強孩子的自信，並減少親子雙方的心理負擔。利用圖像呈現例行事項，能讓孩子有機會在大人協助下，自己依步驟完成目標。

如何建立有效的常規

首先，必須確認要達成什麼目標（自己準備出門上學、整理房間、按照食譜做一道料理等），接著將目標分解成實際的步驟，條列下來。讓孩子參與制定這個圖像化常規，會讓他更有動力實踐，若是特別為他量身打造的更好（例如：孩子可以與你一起選擇要用哪一組刷牙步驟圖，或套用他最喜歡的偶像照片）。

接著，為步驟設定所需時間，並教孩子使用 Time Timer 倒數計時器；也可以在步驟中穿插一個趣味活動讓整體更吸引人（例如：跟狗狗玩 5 分鐘），或和孩子排列歌曲清單當作時間管理的提示（換音樂表示進到下一個動作）。最後，和孩子規畫任務成功的獎勵清單，這會強化他接下來幾天自動開始進行任務的動力。

範例：晨間例行常規（可加上孩子喜歡的圖片）

瑪蒂達早上的例行事項	
任務內容	所需時間
+ 上廁所	7:50 開始
+ 吃早餐	15 分鐘
+ 穿衣服	5 分鐘
+ 刷牙	4 分鐘
+ 梳頭	2 分鐘
+ 和狗狗玩	5 分鐘
+ 穿鞋、穿外套	3 分鐘
+ 背起書包	任務結束，8:24 出發上學

一開始先陪孩子開始這套步驟，並熟悉步驟間的轉換；漸漸地，如果他自動進到下個步驟（甚至自己啟動第一個步驟），就熱烈誇獎他。例行常規的執行對孩子的主動性是非常好的訓練，能讓孩子在支持下學會自主開始一項行動。

自主任務表格

對於非常在意自己的行為是否得到讚美或重視的孩子，使用獎勵表會是不錯的方式。獎勵表的目的不是為了一口氣給太多任務（孩子會因此感到氣餒），而是提供一系列他已經會做的事項提醒清單，至於比較複雜的事項，則是讓他理解可以用什麼方法來做（家長也要考慮：任務是否符合他的年紀？步驟是否要分得更細以便執行？）。

可參考「聰明熊貓兒童獎勵表」[10]（Le tableau de récompenses Smart Panda）或是 P39 ～ 41 的任務表，都充滿趣味，能讓孩子參與他想完成的家事。在大人的協助下，讓孩子自己設立目標，每次完成就可以得到一顆星星（星星累計後可以獲得獎勵，例如：全家的桌遊時間、指定想吃的餐點、邀朋友來家裡玩等等，視其興趣而定）。當該常規完成自動化，便逐漸減少獎勵（或提高難度），並轉換其他目標。

10. https://www.amazon.fr/Smart-Panda-Tableau-R%C3%A9compenses-Enfants/dp/B07K5DLT9P

這些目標必須是實際且可達成的，才能鼓勵孩子的自信心。為了幫助你確認每個年齡適任的自主項目，以下任務表提供參考。

依年齡安排家事／任務表

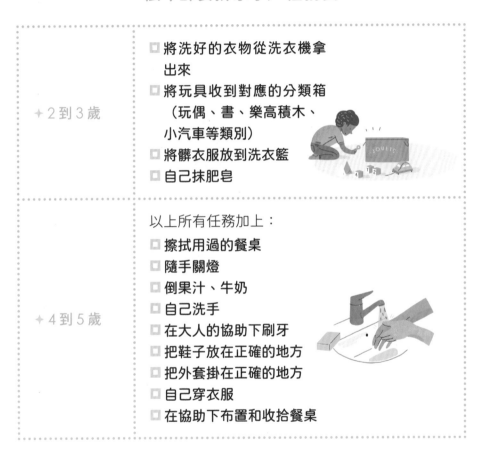

✦ 2 到 3 歲

☐ 將洗好的衣物從洗衣機拿出來
☐ 將玩具收到對應的分類箱（玩偶、書、樂高積木、小汽車等類別）
☐ 將髒衣服放到洗衣籃
☐ 自己抹肥皂

✦ 4 到 5 歲

以上所有任務加上：
☐ 擦拭用過的餐桌
☐ 隨手關燈
☐ 倒果汁、牛奶
☐ 自己洗手
☐ 在大人的協助下刷牙
☐ 把鞋子放在正確的地方
☐ 把外套掛在正確的地方
☐ 自己穿衣服
☐ 在協助下布置和收拾餐桌

✦ 6 到 7 歲	以上所有任務加上： ☐ 布置餐桌 ☐ 將自己用過的餐具 　　放進洗碗機裡 ☐ 為植物澆水 ☐ 自己刷牙 ☐ 梳頭髮 ☐ 將乾淨的襪子湊成對 ☐ 餵寵物 ☐ 用除塵抹布擦拭家具 ☐ 剝水煮蛋殼、揀菜 　　（去掉不能吃的部分） 
✦ 8 到 9 歲	以上所有任務加上： ☐ 幫忙做飯 ☐ 將採買回來的雜貨分別 　　收進櫥櫃及冰箱 ☐ 將乾淨衣服收進衣櫃 ☐ 掃地 ☐ 自己洗澡 ☐ 自己設鬧鐘， 　　響了以後自己起床 

+10 到 11 歲	以上所有任務加上： ☐ 按照食譜做簡單的料理 ☐ 將自己的髒床包換下，放入洗衣機，啟動清洗流程 ☐ 晾曬衣物 ☐ 使用吸塵器 ☐ 自己洗頭洗澡
+12 歲以上	以上所有任務加上： ☐ 擦窗戶 ☐ 拖地 ☐ 準備一整頓飯菜 ☐ 照顧比自己小的孩子 ☐ 倒垃圾

專為兒童設計的 Octopus 智慧手錶[11]，能幫助孩子啟動日常的任務，這款手錶會以圖案提醒孩子到了該做什麼事的時間。而針對比較大的孩子，一些手機 APP 有提醒、計畫、待辦清單的功能，他可以藉此自主管理時間，同時避免遺忘該做事項，對即將上國中的年紀來說是非常合適的工具。

11. 可參考概念影片：https://youtu.be/gJkITT1CkpA

總的來說，孩子從小便具備發展自主行動的許多能力。提供他規畫及時間管理上的具體幫助，能讓他得以開始動作，並發現自己有能力完成日常的各項任務！在規律的環境及大人的關注鼓勵下，「自己做」的動力成為可能。與其命令孩子，不如採取合作的模式，後者更會讓孩子想要動起來。讓孩子能夠做選擇，藉此肯定他參與的能動性，這會讓他對整件事更有責任心，也增強他的自信。接下來我們要探討的是如何幫助孩子進行情緒及行為管理，你會學到相關技巧，能幫孩子增強自信，並將情緒轉化為前進的力量。

CHAPTER 2

情緒與行爲管理
的支持技巧

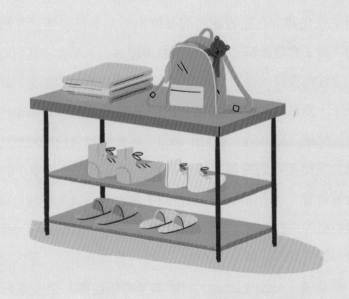

協助孩子培養自主性，必須有以下兩者的巧妙結合：有架構、不會令人無所適從的環境（孩子能在其中自行探索），以及一定程度的放手（避免掌控及替他執行）。同樣的，孩子學會情緒管理也需要以下兩點：周遭大人的引導（讓孩子更容易理解自身經歷的事），以及成為自己的主人（有機會對自身的行為進行調節）。我們在這一章會學習如何用具體的方法（針對各年齡發展階段）支持孩子表達及調節情緒。當孩子學會這些方法後就可自行運用，進而增強他的信心。

溝通與情緒

自主性也建立在語言能力的發展上，尤其是表達自身需求和感受的能力。孩子會逐漸精確地掌握用語與理解力。學會表達自身情緒之所以是自主性的要件，是因為透過表達能釋放感受到的壓力。缺乏語言表達的孩子，無法順利說出他們的經歷，因此會觀察到更頻繁的爆發行為。學習將情緒訴諸言語，第一步必須要能意識到自己所經歷的感受。

藉由情緒相關的故事閱讀及桌遊，你可以在孩子很小的時候就幫助他理解情緒。孩子有時會經歷情緒的激流，辨識及梳理自身的情緒對他是很有用的，因為情緒通常是交雜的，憤怒可能隱藏著恐懼或悲傷，因此能偵測與理解暗藏在表面情緒下等待彌補的需求，是非常重要的。安娜·耶拿絲（Anna Llenas）的繪本《彩色怪獸》是非常好的輔具，能

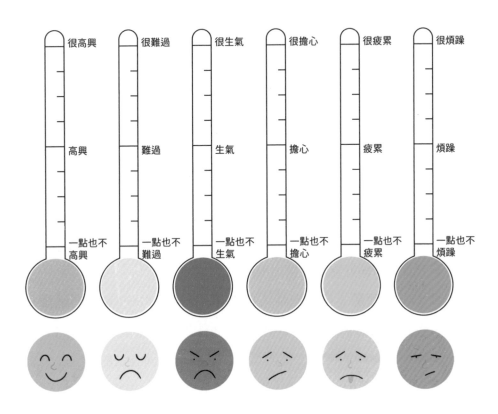

很高興
高興
一點也不
高興

很難過
難過
一點也不
難過

很生氣
生氣
一點也不
生氣

很擔心
擔心
一點也不
擔心

很疲累
疲累
一點也不
疲累

很煩躁
煩躁
一點也不
煩躁

幫助孩子看得更清楚、將每一種情緒歸類。

在情緒歸類的過程中，你可以使用上頁的情緒溫度計（適用於幼兒園以上的兒童），它可以更細緻地分辨感受到的情緒強度。你可以利用這個工具和孩子進行例行的情緒回顧：每天利用 5 到 10 分鐘的時間，談談當天他所經歷的情緒。有時候需要將他的疲倦程度納入考量，幫助他與經歷的情緒做連結。透過將情緒強度視覺化，孩子會逐步意識到自己的情緒，進而學會將經歷的感受訴諸言語。

另外很重要的一點是，告訴孩子情緒的用處，讓他知道每種感受都是必要的。情緒的觸發點通常是因為需求沒有被滿足，因此是「信號」的作用！若裝作它不存在，之後可能更嚴重（例如爆發的行為、心理累積成生理的病痛等）。憤怒的感受提供我們所需的能量，讓我們表達自我、讓對方尊重我們的需要，並且能畫定界線。恐懼則是為了我們的安全，它讓身體準備好對危險做出反應。

想要更好地理解（自己與他人的）情緒，進而分辨其中的細微差異，可以在家進行情緒益智小遊戲。你可以回顧當天的經歷，試著與孩子梳理他感受到的情緒。你們可以一起模仿不同強度的情緒，呈現當中的差異，並互相討論如：「從強度最低到最高，你的身體有什麼變化？」、「剛才模仿的時候你想到什麼？」這種對情緒的關照要內化成熟悉的流程，如此孩子才能養成時常回顧內在氣象的習慣，同時也能讓他考量到周遭人的境遇，有助於培養同理心。

情緒與行為的調節

在了解辨識及表達情緒的重要性後，接下來探討的是調節情緒的技巧，意即幫助孩子控制他的情緒強度。要學會偵測觸發情緒的因子及當下情緒負載的強度，用 P45 情緒量表／溫度計是很有幫助的。請盡量精確地為孩子感受的情緒強度進行分級。

找出觸發情緒的開關

面對年幼的孩子（四、五歲起），找到什麼是他的「情緒開關」非常重要。孩子每天都在經歷各種引發情緒的情境（在家、在校、社交互動），不過我們經常忘記其他因素，如睡眠不足或感官超載（感官受到過多刺激），也會升高情緒反應並引起憤怒等情緒發作。以下提供簡單的情緒調節表，可以和孩子一起填答，有助他了解什麼會讓他發脾氣、憂慮，並找到調節的方法。

憤怒調節表

✦ **會讓我生氣的事**

做喜歡的事必須停下來、太吵的時候、很在意卻失敗、不能做我想做的事⋯⋯

✦ **我不可以**

打人、弄壞東西。

✦ **生氣的時候我可以**

畫圖、戴耳機聽音樂、在房間裡靜一靜、和狗玩、捏壓力球、揉紙、假裝自己是煮熟的麵（軟趴趴、鬆垮垮）、一邊深呼吸一邊數「1、2、3、4、5⋯⋯」。

同樣地，我們可以用「憂慮調節表」幫助容易擔心的孩子。

焦慮調節表

✦ 會讓我焦慮（擔心、緊張）的事

✦ 考試的時候、一個人在家的時候、
要搭公車的時候、要睡覺的時候
⋯⋯

✦ 焦慮的時候我會

口乾舌燥、心跳加速、雙腳顫抖、出汗、
流手汗、呼吸困難。

✦ 焦慮的時候我可以

想想愛我的人、想想我做得好的事和強項、
深呼吸、用重力擁抱毯把自己裹起來、請
別人抱抱我、前往讓我感覺愉快的地方、
想像美好的地方。

收服情緒的測量儀

我們剛才看到，情緒會在特定的情況出現。我們可以與孩子進一步剖析感受到的強度以及身體產生的反應，這有助於提供具體改善的可能途徑，以及調節情緒的策略。

要評估情緒的強度，你可以利用視覺化的刻度，如以下的「恐懼測量儀」，並和孩子一起填寫。

恐懼測量儀

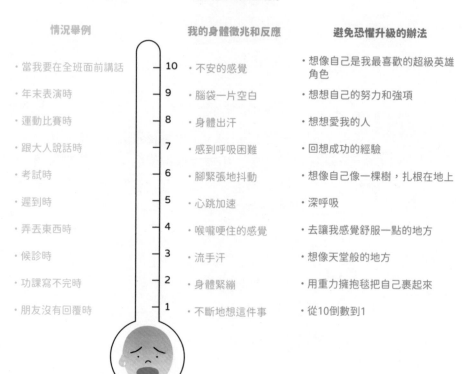

情況舉例		我的身體徵兆和反應	避免恐懼升級的辦法
· 當我要在全班面前講話	10	· 不安的感覺	· 想像自己是我最喜歡的超級英雄角色
· 年末表演時	9	· 腦袋一片空白	· 想想自己的努力和強項
· 運動比賽時	8	· 身體出汗	· 想想愛我的人
· 跟大人說話時	7	· 感到呼吸困難	· 回想成功的經驗
· 考試時	6	· 腳緊張地抖動	· 想像自己像一棵樹，扎根在地上
· 遲到時	5	· 心跳加速	· 深呼吸
· 弄丟東西時	4	· 喉嚨哽住的感覺	· 去讓我感覺舒服一點的地方
· 候診時	3	· 流手汗	· 想像天堂般的地方
· 功課寫不完時	2	· 身體緊繃	· 用重力擁抱毯把自己裹起來
· 朋友沒有回覆時	1	· 不斷地想這件事	· 從10倒數到1

理想的方式是和孩子一起建立、填寫恐懼測量表，讓他能夠運用。你可以陪著分析不同程度的感覺，再一起看如何應對。別忘了將量表貼在牆上，讓他用箭頭便利貼標示當下的感受程度。

同樣地，可以用「憤怒測量儀」讓孩子更細緻地掌握情緒飆升的狀態、辨識日常的觸發開關（壓力的情境、疲倦、感官超載等），並想出應對的方法，找到對付怒氣飆升的解藥！這點因人而異，需要你和孩子一起當偵探，一起找到阻止其蔓延的方法。

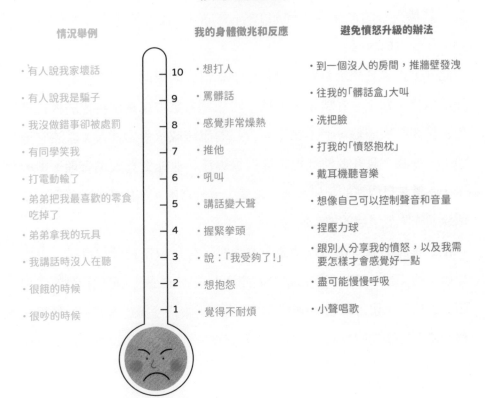

憤怒測量儀

情況舉例		我的身體徵兆和反應	避免憤怒升級的辦法
· 有人說我家壞話	10	· 想打人	· 到一個沒人的房間，推牆壁發洩
· 有人說我是騙子	9	· 罵髒話	· 往我的「髒話盒」大叫
· 我沒做錯事卻被處罰	8	· 感覺非常燥熱	· 洗把臉
· 有同學笑我	7	· 推他	· 打我的「憤怒抱枕」
· 打電動輸了	6	· 吼叫	· 戴耳機聽音樂
· 弟弟把我最喜歡的零食吃掉了	5	· 講話變大聲	· 想像自己可以控制聲音和音量
· 弟弟拿我的玩具	4	· 握緊拳頭	· 捏壓力球
· 我講話時沒人在聽	3	· 說：「我受夠了！」	· 跟別人分享我的憤怒，以及我需要怎樣才會感覺好一點
· 很餓的時候	2	· 想抱怨	· 盡可能慢慢呼吸
· 很吵的時候	1	· 覺得不耐煩	· 小聲唱歌

漸漸地，孩子會知道如何運用這些技巧，讓自己好過一些。

情緒管理的輔具和活動

　　一旦能辨識情緒的觸發開關和強度，就可以規畫有助於安撫或釋放情緒的活動和輔具（安撫和釋放通常是互補的）。

抑制、安撫的活動

　　有多種活動可以幫助孩子緩和情緒，包括專注呼吸、聽放鬆的音樂、鼓舞人心的故事等（例如 HypnoTidoo，致力於兒童幸福的催眠APP 所提供的內容）。

　　此外，正念冥想練習對情緒管理也有很大的幫助，能將注意力有意識地引導至當下。在帶領下，孩子將注意力集中在某個特定的內在意象，例如呼吸經驗，而不在令人分心的想法或感受上停留（就讓它通過）。學會「身在此時此地」能促進專注，並能更有效地管理干擾因子，不論它是內在的（如情緒、感受）或外在的（如周遭的聲音），這個練習能降低情緒的波動反應。

　　正念冥想的練習也可以透過一些道具，你可以用口頭指令做「身體掃描」的冥想，幫助孩子駕馭他的注意力（YouTube 上可以找到許多相關的音檔）。也可以用一個環狀物當道具，讓孩子描述當圓環「像掃描儀一樣」掃過他的時候，有什麼身體感受。這類的內省思維，能促進孩

子透過自我導向的言語（與自己對話），去思考、歸類他的感受。

針對情緒、感官高敏感的孩子，在他們放學回家時提供一個「減壓空間」或許會有幫助。可以使用輔具如感官帳篷（作為一種避難所）或重力擁抱毯，這些定錨般的物品能提供安撫，同時切斷感官超載的狀態。

情緒和體力的釋放活動

除了穩定感官的安撫活動，孩子也會有讓身體釋放情緒的需求。「煩惱吞噬者」布偶（Worry eater）[12] 能讓孩子將他的恐懼和憂愁都存放進布偶的嘴裡，布偶會守住祕密；也可以讓他捏有不同表情的抗壓球（Balles anti-stress）[13]，每顆球代表他可能經歷的情緒。當孩子快被排山倒海的情緒滅頂時，釋放他的肌肉緊繃是很重要的。

此外，練武術或瑜伽可以讓孩子更好地控制情緒，同時釋放壓力。一些本體覺[14] 和空間平衡感的活動也能讓體力釋放，如：舉重、推牆壁、拉繩、盪鞦韆、翻觔斗、騎彈跳球、跳床……等。

最後，還有一個非常有效的「石化」練習，能幫助孩子在壓力升高時進行調節。

12. https://www.hoptoys.fr/emotions-expressions-faciales/petit-avale-
   soucis-p-13111.html
13. https://www.moderne-hausfrau.ch/fr/p/p1580951/
14. 又稱肌肉運動知覺，是有關肌肉記憶及手眼協調的重要知覺。

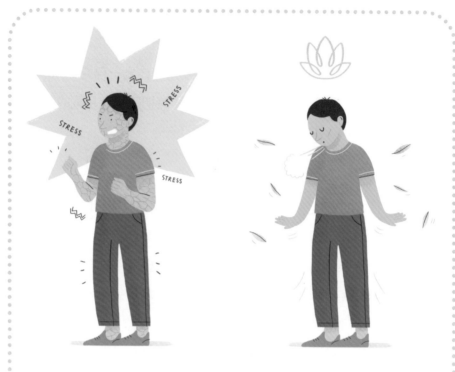

石化和閉氣練習

小朋友，當你感覺身體越來越緊繃的時候，趕快盡可能用力繃緊你身體的所有肌肉：你就會石化，變成一堵對抗壓力的牆！繃得越緊，力氣放掉時你的肌肉就會越放鬆。當你把力氣放掉，就要開始「呼吸練習」：深吸一口氣，然後停止呼吸，忍住，再忍住，直到沒辦法忍為止。接著恢復呼吸，要盡可能地慢慢呼吸，透過深呼吸（就像慢慢地把樹葉吹走），達到全身放鬆的舒暢感受。

你之後一定會忘不了這個驚人的畫面：為了控制升高的壓力，孩子會變身成閉氣冠軍！

心理和情緒的靈活度

到這裡，孩子的「情緒管理工具箱」已經擁有許多法寶可以使用了。之後他將能運用靈活度自主調節情緒負載。靈活度這項執行功能，能視情況用不同的調節策略彈性地管理情緒。如果一個孩子知道視自己當下的需求，尋求能讓自己感覺好一點的事物，他就能更好地與情緒共處。這除了好好觀察自己的情緒以外，還要一些練習才能達成！

面對不同強度的情緒，孩子將能選用不同的解方，或許偏向安撫（討抱），或許讓自己宣洩。這種靈活度就是來自熟悉測量儀上不同強度的細微差別、清楚分辨自己所處的情緒狀態，才能知道如何因應處理。

拉開距離、鼓勵自己

　　為了訓練與當下情境拉開距離的靈活思考，學會將自己「去中心化」是有幫助的。也就是說，透過拉開距離，能夠將視角拉遠，從對現況的封閉思考轉為更廣闊的視野。「蝙蝠俠效應」能讓孩子透過角色扮演，練習心理和情緒上的去自我中心化：藉由想像自己是蝙蝠俠（或是其他喜愛的超級英雄），他可以做出更理性的決定，也能做出更堅定、有效的選擇（White & Carlson 2016 的研究）。例如，當孩子遇到困難，不斷灰心說：「反正我永遠做不到。」他可以藉由換位思考再度找回動力：「如果是蝙蝠俠，他會怎麼做？」這個方法也適用於某些社交僵局（當孩子情緒過於強烈，無法做出決定時）。例如當他煩惱：「我要不要聽○○的，把卡牌給他，不然他就不跟我好了？」這時你可以召喚超級英雄，他們會幫助孩子強化信心、堅定自己的選擇：「如果是消防員羅伊，這種情形他會建議你怎麼做？」

　　與自身經驗拉開距離有助於邏輯思維，而非情感思維。孩子透過心理上的去中心化、距離化，能更平靜地思考，並以更適切的方式因應問題，就像他們正在扮演智者或巫師，用角色的方式思考一樣（Veraska et al., 2019.）。

將情緒作為再生能源

到了青少年階段，可進一步優化這套情緒調節流程，另加上「情緒回收」步驟，將情緒轉化為有用、有建設性的能源。

我的情緒流程：
承認並表達情緒、順其流動、理解、回收

1. 接納情緒

讓情緒來，我觀察，並傾聽身體的訊息（身體在發熱嗎？我感到緊張？感覺七上八下？），傾聽自己的想法（盡可能理解當下的念頭）。將所感受到的表達出來，並嘗試辨別顯現的情緒。

2. 順其流動

不和情緒做對抗，而是讓它經過我，因為它會告訴我關於自己的重要訊息（情緒是有涵義的，它是信號，讓我知道什麼對我是重要的）。告訴自己：「好，我先停下來，順著這個感覺流動，它終將過去（或許15分鐘，1小時，或是1天）。順其發展，它的出現總有原因，而且會讓我更認識自己。」

3. 分析情緒的起因

今天經歷了什麼讓我有這樣的感覺？我的情緒告訴我什麼？當我生氣時，我真正需要的是什麼？嘗試去理解（必要時尋求大人的協助）並賦予情緒存在的權利（每種情緒都是合理的）！

4. 回收負面情緒，
有建設性地再利用

將情緒負擔轉化為前進的新能量，負面情緒將是有助於我們跳得更高的跳板，例如，體操比賽失敗所感受到的憤怒，會幫助你奮力在下一次表現得更好——這種感受是獲得動力和實現重要目標的燃料。當你覺得悲傷，將它用創意的方式轉化並分享，就像做藝術創作一樣；透過分享經歷，你的悲傷可以讓其他人得到安慰。恐懼也是更認識自己的一種方式：好好利用這股能量，去刺激思考，找到解決的辦法。學會一步一步面對令你擔心的事，增強自信，訓練靈活度有助於走出情緒的死胡同！

在成長過程中，學會辨識及管理情緒的孩子，和自己與他人都能建立珍貴的連結。因此，接納自己的情緒，是能接住他人情緒的最佳做法。建立情緒自主，能通往社交自主和更穩固的自信心。

自信心的培養

身為父母，你的態度可以幫助孩子建立自信。自信可以讓孩子了解自己的內在資源（優點、強項、過往經驗）及外在資源（社會支持、可信賴的關係、知道哪裡可以尋找有用的資源），在遭遇困難時可以取用；也能增強個人的效能感，並保有動力去學習和進化（即便這意味著會經歷失敗）。

有一些簡單的工具可幫助孩子增強自信：在日常生活中，強調孩子各方面的小小成就，可以寫下感謝日誌、用相簿記錄他的優秀時刻，或運用「榮譽罐」（由孩子或親人寫下並投入他當日的小小勝利）！藉由指出孩子的正向經歷，你用有益的方式將其銘刻進孩子的養成。表達關愛的便條紙也是情感的小小象徵，能幫助孩子增強自信。

處理挫折與焦慮

「控制自己行為的能力」與情緒管理，兩者有非常密切的關聯性。執行功能的發展，有助於情緒與行為管理（Anderson, 2002.），尤其是抑制能力（Pauli-Pott & Becker, 2011; Schoemaker, Mulder, Dekovic & Matthys, 2013.）。一個情緒氾濫的孩子傾向做出衝動的行為、過度反應、難以自我控制；相反的，焦慮的孩子傾向有退縮的行為，對新奇事物感到害怕。因此，當孩子有爆發行為或焦慮表現時，陪伴他學習挫折管理是很重要的。這兩者是兩種極端，都會使孩子不夠平靜，無法培養自主性。

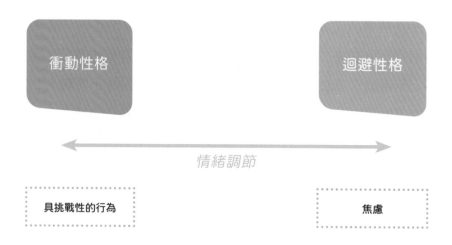

年紀小的孩子可能不擅長等待、缺乏耐心，這是因為他管理挫折的能力還未成熟。學會延遲滿足欲望和需求，能讓他逐漸適應環境並習得自主。一個身陷自身情緒的孩子很難客觀看待事物，也難以進行理性思考、找到問題的解決方法。但若他能更好地管理情緒，就更能自行解決煩惱。

對幼兒來說，與自身情緒風暴打交道是很重要的課題。因此，幫助他辨識觸發自己憤怒的開關是很要緊的（使用前文介紹的工具）。並且在他周遭的人的協助下，於有利的環境中建立預防措施（例如考量他的感官需求和疲勞程度）。

要幫助孩子管理情緒，家長自己也必須清楚自身的情緒。在筆者諮商的經驗中，時常會遇到孩子情緒飆升的情況，而當大人的反應與孩子呈現鏡像時，孩子的情緒和行為會更具爆發性——不幸的是，長期下來，大人這樣的態度會加劇孩子具挑戰性的行為。

面對孩子反抗和挫折的策略

有些育兒方法能有效避免孩童問題行為的增長。當他出現挑戰、反抗或挑釁的行為，我們建議家長「取消關注」：避免將注意力放在他這項行為上（這會有強化作用）。相反地，你可以採取適當的正向態度（無論是用口頭或用行為獎勵表，來鼓勵孩子做值得肯定的行為）。

```
        ┌─────────────────────┐
        │   具挑戰性的行為      │
        │  （反抗、挑釁）       │
        └─────────────────────┘
         ↙                    ↘
```

家長的態度

給孩子他期待的好處（無論是
注意力、物品、想做的事）
或免除他不想做的事

家長的態度

不給孩子希望的好處或
免除某事物＋不關注

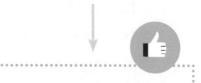

挑戰性的行為持續

（＝維持）

挑戰性的行為消失

（＝停止）

　　要獲得孩子的參與，記得要給明確而有效的指令：清楚、準確說出
你的期待（「現在把玩具收到玩具箱」），並經常稱讚他自動自發和遵
守規則的正向行為。如果有負面行為出現，視需要制定行動計畫來幫助
他調整行為。

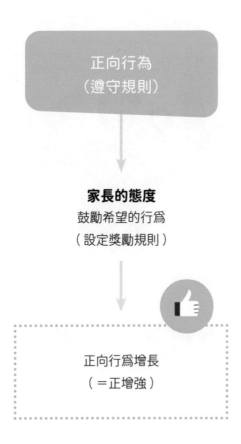

正向行為
（遵守規則）

家長的態度
鼓勵希望的行為
（設定獎勵規則）

正向行為增長
（＝正增強）

　　學會表達自己的情緒，能讓孩子更好地管理情緒。另一方面，社交能力的培養（同理心、理解他人的想法，以及我們在社交章節會討論到的社交問題解決方案）也是珍貴的要素，能讓孩子針對情境和周遭的人更細緻地調整自己的行為。

©shutterstock

管理焦慮的方法

　　有過自己想辦法克服困難的經驗，能大大增強對自身能力的信心。相反地，持續依賴父母可能造成孩子對非預期產生焦慮反應，因為不習慣自己解決問題。焦慮的孩子會迴避讓自己不安、難以掌控的新情境，因此父母有必要引導孩子將感受說出來，同時避免強化他的焦慮思維模式。最好幫助孩子面對他的恐懼（例如分離或睡前焦慮），這類情況可以尋求身心健康專家的協助，尤其是受過認知和行為療法訓練的心理師。

　　當情緒引發焦慮時，可以使用右頁的方法來支持孩子。

　　前面探討如何幫助孩子在溝通、時間管理、自身物品管理、主動性方面更加自主後，我們關注了情緒管理對自信、恆心和激發動力的重要性，這三點恰好是學業表現的三大基石。下一章要探討的，是如何在孩子學業自主方面提供支持。

面對焦慮的建議作法

+ 找出孩子焦慮的生理反應跡象，嘗試不同方法讓他身體放鬆（例如動一動放鬆肌肉、做呼吸練習、深度按摩）。聆聽他講述發生的事。

+ 在第一時間先主動傾聽，鼓勵他表達，並認可他的需求（著重「非暴力溝通」）。

+ 辨識出孩子的負面想法（例如當他說出「我好爛」這類強烈的話），質疑進而解構他這樣的想法（「為什麼你會這麼說？你有都很爛嗎？什麼時候是爛的相反？」）。

+ 當孩子在同一個焦慮的想法上打轉時，引導他進行舒緩壓力的活動，藉以中斷他的「反芻」行為（無論是藉由運動、泡澡、聽音樂、吹泡泡、把紙撕碎等）。而大人則「取消關注」的態度（當他鑽牛角尖的想法受到過分關注時，可能會加強他的焦慮行為）。

+ 鼓勵孩子，正向肯定他自動自發的行為，以及他自己想辦法調節情緒的表現（「太棒了！跳彈簧床讓你心情好多了，你找到讓自己發洩和開心的好方法！」）。當他情感上遇到困難時，也要提供支持。

+ 創造家人共度的時刻，以增強正向情緒和歸屬感：讓人「感覺開心」的活動（唱歌、跳舞、運動、桌遊），或是回歸平靜的時間（呼吸練習、舒緩的音樂等）。

✦ 大人也要成爲一個管理焦慮和情緒的榜樣，這需要下功夫，不過對自己的運作方式有自知之明，會對整個家庭帶來正面的影響！身爲家長，尤其要訓練正向思考（像是了解自己的強項、做得好的地方、與家人共度的美好時光等）。

✦ 學習用正向的論述來面對失敗，例如：「失敗，就有機會成長」、「你有錯的權利」、「透過訓練才能達到目標，失敗也是學習的一部分」。

✦ 鼓勵孩子找一個東西當作「圖騰」，作爲某一次充滿正向感受的經歷或是成功的回憶象徵（當他未來面臨壓力時，這個物品將爲他帶來正面的能量）。

CHAPTER 3

培養學業自主
的方法

上一章探討了如何協助孩子透過自主性的培養，來增進情緒管理和增強自我重視。

　　而近期的研究證實，良好的情緒和行為管理能力，從幼兒園開始就是學業表現及成就感的關鍵要素，無論課業吸收、情感與社交生活方面皆然（Blair & Raver, 2015; Hamre & Pianta 2001, McClelland et al. 2007, Riggs et al. 2004, Rimm-Kaufman et al. 2009.）。一個即將上幼兒園的孩子，若具備良好的社交情緒能力、能用語言表達自己的想法和需求、對新活動和依循指示充滿熱情和好奇心、敏感面對他人感受，那麼他將更容易適應學校生活──自我行為控制是社交及學業適應上非常有利的能力。

　　一個學業上能自動自發的孩子，有足夠的內在安全感、良好的自我肯定及有效的執行功能，這些都對學業成就有相當的重要性（Mulder et al., 2017.）。可惜的是，學校極少明確提供執行功能方面的教育，這就是為什麼我們要提供培養國小、國中階段學業自主及執行功能發展的技巧。而針對非典型發展（學習或神經發育障礙）的兒童自主性，本書末尾會用一個章節做更具體的說明（見 P119）。

小學階段的作業與自主性

在孩子剛上小學時，就可以建立他課業上的良好自主本能。越是訓練孩子的執行功能，他越能自行開展活動、採取主動、預先規畫、準備好自己的物品、確立目標（並對任務保持專注）、用靈活的思考模式克服障礙（發揮解決問題的能力）、檢查自己的成果並達到明確的目標。幫助孩子學會自我評估，以對自己的策略進行調整和自動化，對他是非常有用的。孩子的執行功能，以及家長對自主性的支持態度，對孩子的學業動機和個人成就感扮演非常重要的角色。

家長面對作業的態度

支持孩子的自主性和主動性，能提高他對學業的投入態度（Assor et al., 2002.）。對年幼的孩子而言，動機首先是外在的：他想讓他人開心，也需要外在的增強物。而後內在動機——也就是「想為自己而做的欲望」漸漸出現。高層次、能自我調節的自主動機（或內在動機），是藉由經歷以下三種基本心理需求來強化的：

- ◆ 自主的需求
- ◆ 能力的需求（體驗自我效能感）
- ◆ 社會關係的需求（體驗人際關係的親近及互惠感）

學習動機有助於自主學習，反過來說，自主學習需要孩子的學習動機（Sosic-Vasic et al., 2015.）。父母對孩子自主性的支持，展現在讓他有獨立選擇的可能，並尊重他的看法；同時，避免用掌控性的話語，支持他自己做決定（Deci & Ryan, 2012.），這些對他生命中的重要關卡都有所幫助。

如前所述，鷹架的概念能讓家長視孩子的需要逐步調整介入程度，讓他有機會自己嘗試並強化執行決策力。小學一、二年級起，當孩子做作業時，父母就可以在一旁引起他的動機。首要的是，讓他知道你對他的功課有信心：「我知道你做得到，反正你需要幫忙的話我在這裡。」用意是給他自由的空間，讓他學習自行掌控，同時在不遠處陪伴，當他需要時能尋求協助。

當孩子功課遇到困難，你可以鼓勵他思考，不一定要給出答案，而是反詰問題本身：「這一頁有什麼可能的提示？你覺得用什麼方法可以找到答案？」當他向你求助時，你可以指引他答題的資源，建議他查閱哪本書或哪本習題本，以理解課程或題目要問的東西。也可以更進一步陪他上網搜尋：用什麼關鍵字？什麼網站較有幫助？如何對資訊進行篩選？……從中挑選最適切的選項來推進他的功課。

建立孩子的自主性，也意味著讓他經歷選擇和行為所產生的結果，換言之，讓他學習面對應負的責任。若孩子忘記把作業帶回家，或是不願做作業，請他隔天自己跟老師解釋並承擔後果。若這類情況太常發生，試著了解阻礙他獨立自主的困難點，並提供具體的協助，讓他能管

理好自己的物品。

　延續剛才鷹架的概念，你可以扮演孩子的學習榜樣。因此，把你收拾準備的方法或解決問題的思路，用話語明確地說出來，對孩子是很有幫助的，如此他就能得知你是如何有效率地執行。你也可以陪著孩子，按步驟說出教他自主執行的方法（「來，拿你的書包，找出聯絡簿，看看明後天要做什麼。我們要怎麼開始？」）。合作模式是讓孩子積極參與的好辦法。

　我們在本章會提供增強國小各項能力的具體協助方法，以便為國中做準備，因為國中階段需要高度的執行功能和自主性。

專注度的變化和自我認識

　作業時間可能是親子間的衝突點，進而影響整個家庭氣氛。對孩子來說，在校已耗費很多精力和專注力，回家重新打起精神面對作業需要許多能量。因此，重視他的需求、在開始做作業前有一段休息時間，其實是必要的。同樣地，有策略地管理有限的注意力和精力，能讓他念書更有動力和專注力。

隨著時間的推移，孩子可能會難以管理自己的時間和精力。幫助他調節休息的時間點，能讓他了解他的頭腦是怎麼運作的，並意識到需要充電才能保持效率。電池的形象簡單明瞭，能讓孩子理解自己的能量值會逐漸下降。你可以每隔一段時間問問他的狀況（「你的電量滿格嗎？還剩一半嗎？快沒電了！休息時間到！」），並在與他對應的能量表情符號貼上便利貼。

可用電量

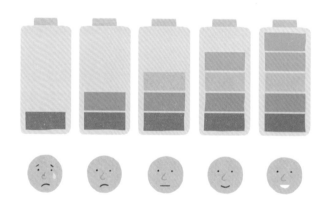

動力量尺

你做功課的動力水平在哪裡？

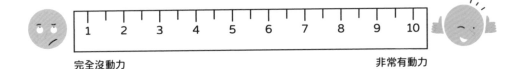

完全沒動力　　　　　　　　　　　　　　　　　非常有動力

在過程中，也要衡量孩子的動力水平，才能知道他是否還把心思放在作業上，抑或需要重新激發他的參與度。

對較小的孩子，獎勵貼紙是十分有效的方法（有鼓勵訊息的貼紙如「你好棒」）。

暫停、內在對話對後設認知的重要性

「後設認知」意指我們對自身認知功能和知識的理解（意即「思考自己的思想」）。國小開始，你就可以幫助孩子認識他的個人學習概況，這非常有益。你可以提供認識大腦、專注力和記憶力如何運作的學習資源〔有趣的影片或書籍，像是 Olivier Houdé 為 6 歲左右的孩子所寫的《探索你的頭腦》（*Explore ton cerveau*，暫譯），大一點的孩子可以看 Nathan 出版社的《我的頭腦：Q&A》（*Mon cerveau, questions/réponses*，暫譯）〕。若你希望孩子領略學習方法的重要性（好的方法能讓學習更有效率），那麼，得知大腦怎麼運作和學習便是先決條件。

而且，我們是透過自我對話能力的發展，學習認識自己和了解自己運作的模式。若孩子能將想法的進程和執行方式說出來，更能引領自己實現。例如他可以口頭描述目標，進而保持自己執行任務時的專注力，或者在閱讀的過程中不時停下來自問是否理解，抑或思考並說出可能的解方，進而訓練解決問題的靈活度。

成爲掌握自己學習和理解的行動者

有時孩子在做習題或背誦之前，會向家長詢問課程中不了解的地方，因此幫助他培養「主動學習法」是十分有益的。

閱讀時，想在理解上扮演主動的角色，就需要啟動內在回想機制，在腦海中將閱讀的文字轉化為圖像。

而「預先規畫」則反應了行動前先設定目標的能力。先思考收到的指令、問自己對方要什麼、以什麼樣的形式，接著想像完成的目標長什麼樣子（產出的量、呈現的形式），會讓整件事變得更容易。例如，當你告訴孩子讀完後會問他閱讀理解方面的問題，他所設立的目標就不會是「朗讀時小心不要唸錯」。

你還可以使用示意圖、表格、心智圖，更有效地理解問題的資訊。圖像化和主動掌握資料有助於問題在腦海中呈現，同時減輕工作記憶的負擔。

在《家庭作業》（*Les devoirs à la maison*，暫譯）一書中，作者伊斯梅爾‧薩杜（Ismaïl Sadky）和蘇菲‧吉勒姆（Sophie Guillerm）提出了「RER 辦法」，說明孩子如何在理解時扮演主動的角色。

+ R「**識別**」（Repérer）：抓出提示中的動詞和關鍵字，才能正確掌握題目的期待和要求。或許可以將動詞畫底線、重點資訊圈起來（如數學應用題中的數字）、使用不同顏色的筆標示問題和有用資訊等。

+ E「**回想**」（Évoquer）：回想意味在腦海中讓題目活過來，透過自身掌握和理解的訊息去產生心理圖像。例如在心裡為題目創造情境。

+ R「**換句話說**」（Reformuler）：用自己的話把題目再說一遍是非常有用的，可以確認自己已充分理解它的意思。當孩子把題目用自己的話說出來後，他更能說明要用什麼方法答題。

© shutterstock

　增強對課程的理解能力後，孩子就要逐漸學習使用有效率的方法，為課程內容建立結構。用便條紙將段落以一個重點概念概括，是對大腦非常有用的訓練（小學一年級就可以開始這個練習）。在一課當中分出主要和次要資訊，是整個求學過程都受用無窮的作法，也是為國中的文獻分析作準備。總結的能力也是很寶貴的，不僅要總結讀過的內容，也要總結自己的想法。

　這種主動將課程內容進行組織和結構化的作法是初步處理，讓後續更容易熟記。我們在本章的最後會介紹不同的記憶法，能鞏固吸收的知識，並讓孩子成為自己學習的主人。

執行功能發揮超能力

接下來會詳細介紹與學習有關的各項執行功能，以及如何維持這些功能，讓孩子有更好的自我管理，以及更強的學習動機和投入程度。

整裝上路

上路，或「啟動」，是發動、採取主動的能力。有自主啟動的反射機制就是擁有強大的自主引擎，對孩子的整個人生所進行各項計畫都十分有用。採取主動，也意味著事先對要完成的任務有具體的想像。

開始吧！

右頁法文字首為「開始吧！」之意的縮寫「CPARTI」法，涵蓋了幫助孩子啟動的方法，引導他有效率地進行他的功課。

對自己有充分的了解，可以讓孩子在啟動時問自己正確的問題，因為他能想到最激勵自己的部分（我喜歡從最重要的開始？還是花最久時間的？最不吸引我的？），以及他自己的身體需要（我動起來會比較有想法嗎？聽振奮的音樂有效嗎？）。了解大腦如何運作，也是掌握全局的好方法：我們是有能力控制並對抗拖延症的。

要對抗心裡的拖延症，孩子可以對自己說：「來，我就專心做 5 分鐘，只要做前面的練習就好。」事實上，他很有可能一開始就會繼續做下去。孩子也可以訂立一個簡單且有效的規則：如果這件事 3 分鐘內可以完成，就立刻去做──如此可以減輕心理負擔。

注意力和抑制力的訓練

認識自己的注意力功能

執行功能，無論是認知還是情感層面，都是注意力的維持者（Zelazo, Blair & Willoughby, 2016.），它們在大腦組織上也有很強的聯繫（額葉區域）。執行功能藉由牢記目標及相關資訊、避免做出衝動反應、容忍挫折及抵抗干擾因子來維持專注力。

C ✦ 安靜（Calme）

營造有利於專注的環境。

身體呈現有餘裕的狀態（確認基本生理需求已滿足），以及未受制於太激烈的情緒。

P ✦ 準備有效率的工具（Préparer son matériel）

工欲善其事，必先利其器！

A ✦ 清楚的時程（Agenda ouvert）

將待完成的工作用號碼貼紙排序。

R ✦ 聚焦能量（Rassembler ses forces）

用「可用電量」量表評估自己的能量狀態。

用「動力量尺」確認自己的動力，並想像完成後可以得到什麼吸引人的獎勵。

T ✦ 控管時間（Temps）

進行時間分配與管理，可善用 Time Timer 倒數計時器和「待完成、進行中、已完成」的進度表：將事項寫在便利貼上，視進行的階段漸進移動便利貼。

I ✦ 移除負面想法（Idées négatives）

把阻礙前進的想法移到一邊去，以激發動力的句子取而代之。

想要更有效率、想知道什麼時候需要休息，我們可以學著認識自己的注意力功能（什麼時候專注力最高？我在啟動前需要吃點東西嗎？），也可以為注意力集中建立一套策略。

右頁的「FOCUS」法則，總結要有好的專注力所需要的重點。

抑制力：過濾和剎車的能力

在延續理解改善注意力的方法時，我們必須了解抑制力是如何運作的，也就是過濾和剎車的能力。抑制力幫助我們專注於手上的任務、挑揀有用的資訊、抵抗衝動反應的本能。管理會讓自己分心的干擾因子，是抵擋干擾的方法，同時也是學習延遲立即性的滿足和管理挫折感。你可以用圖案或表情符號，提醒孩子停止手邊的動作，或在動作前先花點時間思考（可利用以下的紅綠燈圖案）。

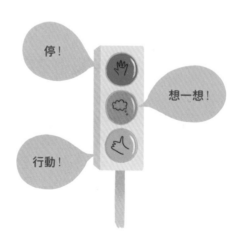

F ✦ 過濾造成分心的干擾因子（Filtrer les distracteurs）

透過建立自己的「經常干擾因子」清單，來確保工作的周邊環境。

並設定工作完成的獎勵（也是用同一份清單）。

O ✦ 組織規畫（Organiser）

這裡指的不只是工作的空間、需要的工具，也包括分析的資料〔使用前面所提的 RER 方法，將題目要求弄清楚：識別（Repérer）、回想（Évoquer）、換句話說（Reformuler），成為自身學習行動的主人〕。

C ✦ 聚焦（Cibler）

將注意力集中在一個明確的目標。

在腦中將任務具象化並定期做小結（提醒自己關鍵所在及目標為何，以保持效率）。

U ✦ 使用倒數計時器（Utiliser le Time Timer）

設定工時上限。

S ✦ 選擇（Sélectionner）

一次選定一個步驟，開始行動。

多進行正向自我對話、用振奮的話鼓勵自己！

有許多遊戲能訓練肌肉抑制能力（如 123 木頭人、雕像遊戲 [15]）、言語的抑制能力（如 Yes or No 桌遊牌卡 [16]）和認知抑制能力（如桌遊 Bazar Bizarre[17]、Jungle Speed Junior、Uno 和 Top That）。

計畫能力與組織能力

計畫即規畫行動、建立優先順序的能力，牽涉到預想、考量各個步驟順序，以及時間的控管。計畫是行動的營建者，想完成任務一定少不了它！

計畫能力也有助提升動機，因為它的作用彷彿設下台階，使目標不再遙不可及，就像是我們經常會提到的「一步一步來」。

---

15. 雕像遊戲是「123 木頭人」的變體，可以在室內玩。進行方式是當音樂響起時，孩子就要開始跳舞。當音樂暫停，孩子就要像雕像一樣瞬間定住，動的人就出局；最後一個留在場上的人得勝。

16. 輪流唸出牌卡上的問題問對手，面對對手提問時，必須立刻回應 Yes、No 以外的答案，若不小心答出 Yes 或 No，對方就贏得該張卡。相反地，在向對手提問時則力求讓他反應不及，講出 Yes 或 No。

17. 遊戲含一疊（60 張）圖形卡牌及 5 個木製小配件（白色幽靈、綠色瓶子、紅色椅子、藍色書籍、灰色老鼠）。每翻開一張牌，最快抓取正確配件的玩家可獲得該張牌：假使牌上畫的是白色幽靈拿綠色書籍，則應抓取幽靈配件；但若牌上畫的是藍色幽靈與紅色老鼠，那就要抓取與牌上所有配件及顏色都不相干的綠色瓶子配件。遊戲結束時，獲得最多卡牌的人獲勝。本遊戲考驗玩家的視覺注意力、抑制力和反應速度。

以下是一些幫助孩子提升計畫能力的建議，讓他在執行上有更高的自主性：

- ◆ 有規則的空間環境（使用各自的儲物箱、按科目分的顏色資料盒）。
- ◆ 善用確認清單來管理用具（例如根據日期或科目，要帶哪些用品到校）。
- ◆ 學習管理時間（包括用前面提到的 Time Timer 倒數計時器、根據時程表產生預期心理）。
- ◆ 用下頁的「SMART 辦法」來訂立明確計畫，設下一個確定的目標，接著分成具體的步驟，並定期確認計畫的進度。

以解數學題為例，需要扎實的計畫能力、複雜的語言能力（尤其是邏輯推理、分析隱含的數值並使其顯現等）。要做到這點，必須揀選有用的線索（可能是文字說明、數字、圖形等），並和已知、學過的情形做類比。

靈活度

靈活度是適應新事物和變化的能力，也是理解不同的觀點（改變視角）的能力。它讓我們得以根據情況調整，變通思維以避免陷入死胡同。從一個解決辦法轉移到另一個，或考慮數種方法來解決一個問題，

	具體目標	例子
S	**✦ 明確的（Spécifique）** 具體的、敍述簡單精準的（若太模糊，執行起來會有困難）。	不說「準備口頭報告」，而是精確的「上網找相關影像來說明我的火山主題報告」。
M	**✦ 可測量的（Mesurable）** 用具體數量或工作頻率來追蹤及量化進度，有助於激勵自己保持動力。	例如「一天要寫到 2 頁書面」、「每天花 30 分鐘準備上台報告」。
A	**✦ 有抱負的（Ambitieux）** 能夠啟發、挑戰自己，讓自己有實踐的欲望。	「這場報告是我喜歡的主題，我要盡力讓同學也感興趣。」
R	**✦ 可實現的（Réalisable）** 制定能夠達成的目標，以免感到氣餒（將一個大計畫分段，以步驟來規畫）。	與其設定「念完指定小說」，不如設定循序漸進的目標「每天念一章」。
T	**✦ 有時限的 (Dans un temps limité)** 設定有限的時間、完成的截止日期（以避免拖拖拉拉或無限延期）。	與其說「我要盡快完成」，不如說「最晚週六傍晚要寫完講稿」。

都需要靈活度。缺乏靈活度的孩子容易在做習題時遭遇困難，並且會持續使用缺乏效率的方法。

以下是一個需要靈活度才能解題的情境範例：

車子是停在哪一個停車格？[18]

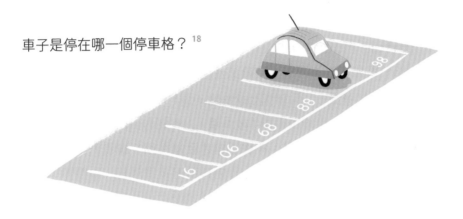

我們可以用「視錯覺」（Optical illusion）來改變視角，在同一個圖像中看到兩種可能的呈現。在社交章節中，我們將更深入探討如何在日常生活及人際關係中，讓自身的思維模式更為活躍。在這裡，我們先關注課業遇到困難時訴諸靈活度的重要性。

18.答案是 87，要將數字反過來看。

面對困難的幾個建議

+ **休息一下**：讓自己休息一下，有助於阻止壓力升高。人在陷入僵局時，負面情緒可能會阻礙建設性思考。必須將大腦從「專注模式」（Focused mode）切換成「發散模式」（Diffuse mode），自工作抽離開來（大腦會在後端繼續工作，用在「專注模式」時無法注意到的其他路徑思考）。

+ **切回「專注模式」**：將整個問題掃描一遍，先用大視野（鏡頭拉遠），再用分段接續視角（放大鏡）。有時我們難以將真實的問題和目標區隔開來，將鏡頭拉遠就很有用，讓我們對情況有一個全覽、整體的視野（有更寬廣的背景情境，能提供其他重要的理解元素）。另一方面，透過逐步重看課程的內容和基本概念、重新思考，可能會有所啟發（用螢光筆把先前遺漏的重要資訊標起來）。「PQQOQCP 方法」是從各層面來提出問題的有效工具，以此順序提問：為什麼（Pourquoi/Why）？是什麼（Quoi/What）？誰（Qui/Who）？在哪裡（Où/Where）？什麼時候（Quand/When）？如何（Comment/How）？為何（Pourquoi/Why）？

+ **發散思維和創意解方**：以不一樣的方式思考問題，並培養轉換視角的能力（另一個人會怎麼看這個情況？我的好朋友會怎麼反應？我的老師呢？）。用畫畫或用素材將問題具體化（尤其是數學科）、嘗試將各資訊整理成表格或圖表，這些

作法都可能帶來進展。我們的大腦傾向以自動駕駛的方式運作（較不費力），因此挑戰自身的先入之見需要花費更多力氣。必須盡可能鍛鍊提問能力，才能更有效學習、對事情產生新的觀點。詢問他人的意見（朋友、親人、老師等），也能開展新的視角。

你也可以透過其他感官來看待問題（例如試試看「聽」這個題目而不是用「看」的？試著「演出」這個題目而不是用「讀」的？試著「畫」出來而不是用「聽」的……等等）

工作記憶和記憶方法

工作記憶是保留運用資訊的能力，比方說，在心算或需要記住數樣指令時使用的就是工作記憶。工作記憶可被視為「便利貼記憶」，強化工作記憶可以提高「同時處理雙重任務或多重資訊」的可能性；而長期記憶則是「圖書館記憶」，讓我們逐漸增加館藏的知識。

將一件所學事物自動化，便是將該知識從「便利貼記憶」移到「圖書館記憶」。而提取知識（例如考試的時候）就是在「圖書館記憶區」打開對的抽屜，將該內容置於「便利貼記憶區」做應用。

以下提供一些訓練工作記憶、培養長期資訊記憶力的作法。

與家人一起玩桌遊，訓練記憶力

　　工作記憶和長期記憶可以像肌肉一樣越練越發達，而且從小就可以開始！「記憶配對遊戲卡」（Memory matching game）[19] 對幼兒來說是很好的訓練遊戲，國小、國中的孩子，我們推薦「時差遊戲卡」（Jetlag）[20]，它是一種「延遲回應」的遊戲，你回答的必須是上個問題的答案，也就是在第二個問題公布後才能說出第一個問題的答案，以此類推。問題越荒唐好笑，越是關於專注力的陷阱——必須要有良好的記憶力和抵抗干擾的能力！

　　你也可以玩「造最長的句子」遊戲，來訓練記憶力（數個玩家一起編故事：每個人輪流加上一句話，下一位必須重述所有的話並再加一句）。注意：故事可以很荒謬，但這個長長的句子必須是有意義且合乎文法的。

19. https://www.amazon.com/Romper-Room-Memory-Game-from/dp/B07DDDWP58
20. https://boardgamegeek.com/boardgame/252530/jetlag

善用多樣感官輸入，加強學習成效

有許多記憶方法，都是透過數個感官渠道讓資訊更穩固地烙印在腦海裡（以下會提到一些）。即便我們的記憶相較於聽覺型更偏向視覺型，科學上還是認定當使用超過一種以上的輸入管道，記憶效果會更好。也就是說，學習時如果聽過、讀過、在腦中視覺化過、用圖表重現過、用自己的話表述過、傳遞給別人過……學習就會更根深蒂固。以不同形式回想，再以不同感官行動，會讓學習更加扎實、有趣。接下來，我們一起來看看如何強化記憶力。

不同的記憶形式

視覺記憶

讓我用觀看學習，例如：

+ 將讀到的東西在腦中創造圖像（地點、人物、形狀、顏色等）。
+ 在腦中重現單字。
+ 在筆記中用顏色標記（畫線、用螢光筆、圈起來等）。
+ 在腦中把課程綱要視覺化。
+ 寫一篇涵蓋所有關鍵字的摘要。

聽覺記憶

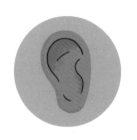

讓我用聆聽學習：

◆ 用自己的聲音（可以錄下自己的聲音，用聲音做效果、用唱的、用耳語詮釋，然後重新聆聽）。

◆ 在腦中重現老師的聲音。

◆ 也可以將要學的東西與聲響、旋律進行聯結。

動覺記憶

讓我邊做邊學，我可以：

◆ 謄寫課堂內容、注釋。

◆ 「演」要背的詩。

◆ 用玩偶搬演課程內容。

◆ 把要記的知識安置在家裡不同地方（亦即「宮殿記憶法」）。

◆ 畫一張心智圖、圖表或塗鴉筆記！

◆ 靠打節拍來背詩。

課程學習的記憶要領

+ 重讀文本，並在腦中將關鍵字視覺化。

+ 整理自己的筆記（畫重點，並建立幫助記憶的符號）。

+ 將重點背誦起來。

+ 將課程做一張圖表或重點清單。

+ 進行與課程有關的練習（應用所學知識）。

+ 畫心智圖（突顯課程的重點概念）。

+ 設計小考考卷（製作與課程內容有關的考題：「如果我是老師，考試會怎麼出題？」）或製作抽認卡。

+ 找旁人考我課程內容。

+ 寫摘要。

+ 拍影片介紹學到的概念（要像記者一樣清楚傳遞訊息），並運用各方面的執行功能（拍影片需要規畫呈現順序、草擬要講的內容，要清晰、簡潔、切題）。

+ 和朋友或小組一起複習。

可塑性與間隔再啟動

一旦認知到大腦的可塑性，便能了解「多記幾次」對「開闢一條腦內新路徑」是必需的，也能讓所學隨著時間變得更牢固。因此有間隔地重複（也就是重複啟動）可以鞏固知識，就像接種追加劑一樣！

我們已探討了如何培養孩子的學業自主性，以及強化他的自體效能感和學習動機。包括採取主動、讓自己成為學習的主人，並培養面對困難時解決問題的能力——這些同時也是社交技能發展的重要課題。同理，培養批判思考的能力可以讓孩子成為積極、有想法的學習者，這樣的特質也有助於未來在社交上表達自我。

CHAPTER 4

社交技能的培養與自主性

在過去的章節中，我們看到調節情緒與行為的重要性，以及制定學習策略以增強自主的必要性。同樣的道理，訓練孩子的主動性、抑制衝動的能力、事前規畫、靈活度等，對其社交生活也至關重要。事實上，執行功能會調節社交行為、實現人際情境中的有效溝通（這類情境特別需要積極傾聽、抑制力和工作記憶），執行功能會發展出理解他人想法和感受的能力（這包含抑制力與靈活度，才能夠放下自己的觀點、站在他者的位置思考）。

同理心的培養，讓理解他人的情緒成為可能；同樣地，有靈活度，也就是認知和情感層面的柔軟度，可以讓孩子適應不同的情境。

我們在前文看到，自主性的發展可以強化自我重視和自我效能感。在社交層面，孩子要逐漸學會表明自己的選擇、發展批判性思維（後者讓孩子能夠對接收到的資訊提出質疑，並做出自己的選擇），這是非常重要的，如此才能實現思考上的自主。同樣地，學習解決問題不但在學業上有幫助，人際關係上也有，例如在與朋友或老師陷入僵局時。

© shutterstock

社交行為管理

　　與他人相處，需要一定程度的自我控制。隨著孩子成長，他會漸漸發展出抑制自我中心思考的能力，去考慮與他不同的觀點、接受與他不同的作法。而控制衝動與「社會過濾器」息息相關，後者讓人得以適應於社會。衝動的小孩往往想到什麼就說什麼，由於缺乏過濾器和剎車機制（抑制能力尚未成熟），他可能會表現出社交笨拙的行為。因此，學會推遲一時之快和管理挫折，在社交場合也很重要。藉由覺察到社交線索，孩子能暫時將自身的情緒干擾擱置一旁，調節自身的行為以配合當下的情境。

　　隨著孩子靈活度的增長，他越能適應新環境。從小鼓勵孩子的創造力，有助於提高他的靈活度，以及遇到困難自行找到解決辦法的能力。缺乏靈活度的孩子往往會對周遭較難變通，例如將自己的玩法強加於他人、不容易接受他人的提議……等。

　　要提高孩子的靈活度，首先要幫助他理解僵固和靈活思想間的區別。下頁圖是一種說明方式。

僵硬 vs 有彈性

石頭是硬的，無法改變形狀。

小心，如果我像沒煮過的義大利麵一樣僵硬，可能會斷！

蛇很有彈性，可以往不同方向移動、彎曲，很軟Q！

　　藉由圖示，我們可以讓孩子理解固執的思考模式缺乏建設性，也容易導致僵局。諸如「我的想法是最好的」、「我不聽你的，因為我有道理」會讓自己與他人疏離開來。日常生活的情境，可以是訓練孩子認知上的柔軟度、學習變靈活的好機會：

- 在孩子的生活中做一點小改動，來訓練他對變化的容忍度。例如走不同的路線回家、變換家庭成員在餐桌或客廳沙發的慣用位子、發明新的遊戲規則（用反方向來玩賽鵝圖或蛇梯棋）——原則就是：用不同的方式！

- 讀完一本書後，鼓勵孩子從書中不同人物的角度來分析故事裡的事件。例如，面對某種情況，依照某人物的性格，會怎麼反應？

- 發揮他的創造力：拿一本漫畫書，讓孩子單靠圖來想像劇情（把對話框和背景描述的文字遮起來）。

- 讓孩子想像自己身處於各種不同的情境，並回答問題，例如：「怎麼用最快的速度從巴黎移動到倫敦？」、「在中古世紀會怎麼做呢？」、「在史前時代呢？」……等，這項練習能訓練開放的心胸和更靈活的思維。

- 當孩子無法預測變化時，引導他想辦法調整。記得認可他的感受：「我知道你很失望／挫折／驚訝……」，鼓勵他對自己正向喊話：「好，我沒有預料到這個情況，但我可以的，試試看有什麼辦法……」鼓勵他看到這個非預期變化所產生的正向事物：「走這條新的路，我們可能會發現美好的事物，像是你沒去過的公園。」

- 笑話和文字遊戲可以刺激靈活思維，市面上可以找到很多給孩子的笑話集。你可以跟孩子解釋字在不同的語境可以有不同的意思，也可以玩改編俗語的遊戲，訓練孩子的想法更為靈活（例如「床前明月光……手機在發光！」，找到惡搞但押韻的結尾）。

　培養自主力，讓孩子從拖拉變積極

◆ 你也可以利用色卡表，幫助孩子用比較彈性的方式表達他的看法，無論是他的情緒表達，或是有時過於武斷的評價（「對於這件事，你的感覺比較接近淺藍／深藍，還是紅色？」）。桌遊「腦洞量表」，藉由想像同一情境的不同可能性，可以讓大一點的孩子想法更有彈性（適合青少年）。

◆ 設計一些協助轉場的輔具，可以從他感興趣的事物出發，例如用他的偶像製作圖卡，讓他更有動力移動到下一個地點或進行下一個活動（蝙蝠俠在圖卡上鼓勵說：「走吧！上課時間到了，要回教室囉！」）。Time Timer 倒數計時器也能在孩子不太情願的時候，幫助預期活動的結束、進行換場。

理解他人的想法

同理心

　　同理心的培養是漸進的過程，首先必須透過更好地意識到自己的情緒，同時也透過模仿加以學習。小小孩對親人的情緒很敏感，並可能試圖模仿，這正是同理心的先兆。不妨和幼兒玩，假裝不同情緒的表情，看他會不會跟著做。

隨著成長，3～4歲的孩子逐漸能將情緒和欲望進行連結。另一方面，也開始學習設身處地為他人著想。在家裡練習互助、在孩子間遊戲的過程學習照顧他人，都可以訓練同理心，例如安慰弄丟玩偶的朋友。

讓孩子認識他和別人的共同點，也是培養同理心的方式。當我們觀察兩個不認識的小孩相遇，會發現他們通常會問對方的名字、年紀，然後問是否想一起玩，詢問對方的興趣也可以促進互動。

身為父母，以身作則可以讓孩子培養更有同理的本能反應：尊重孩子的情緒、表達你自己經歷的情緒、提及你情緒的前因和後果等。

以鏡子做比方：與其把我們自己的情緒投射到孩子身上，不妨學著反映給他他自己的情緒，孩子才能更認識自己，同時幫助他解讀我們的情緒。家長的同理心能讓孩子認識自己真正的需求，有助於他的自主性。

玩桌遊是富有趣味又有助於培養同理心與社交理解力的方式，例如Hoptoys 的「站在我的立場想」（Mets-toi à ma place）[21] 就是很適合的一款遊戲。

21.這個遊戲讓孩子觀察、描述某一情境中的人物感受，有助於培養孩子的同理心及情緒意識，適合 3 歲以上的孩子。https://www.hoptoys.fr/habiletes-sociales/mets-toi-a-ma-place-p-13889.html

© shutterstock

心智理論

同理心是能共享、感受他人情緒的能力。在這個意義上,它是心智理論的前身。心智理論是能夠想像他人心理狀態的能力〔這些心理狀態包括假裝、思考、知曉、信念、想像、夢想、猜測、欺瞞等(Baron-Cohen, 1999.)〕。年幼的孩子可以有同情心地回應朋友(並安慰他),但其實並未了解對方的心理狀態,這是後來才會漸漸習得的能力。

執行功能除了使一般社會適應得以實現，也在社交理解和心智理論的發展中扮演很重要的角色（Carlson & Moses, 2001；Wilson, Andrews, Hogan, Wang & Shum, 2018.）。根據心智理論的假設，推斷他人的信念和欲望可以預測和解釋其行為。學者將心智理論區分為認知和情感兩個層面（主要為 Westby & Robinson, 2014.），簡單說明如下：

兩種心智理論

＋認知心智理論：
「我知道你發生了什麼事，也知道你的想法。」也就是知道他人的情況。

＋情感心智理論：
「我了解你為什麼有這種感受。」這包含了情感上的同理心、感受到他人的感受。

右頁圖是個例子，描繪心智理論在孩子身上逐漸發展的過程：孩子剛開始還不明白別人和他沒有相同的頭緒。

湯姆還不知道媽媽需要其他補充才能得知「他在幹嘛」，因為他和媽媽當下沒有共同的資訊和概念。

孩子在 3 歲時已知道人會想要、喜歡、感受不同的事物。到 4、5 歲，他們知道每個人會有不同的想法，也明白有時候有人會相信不對的事，也可能因為錯誤的信念而有不正確的行為。5 歲以後，孩子的心智理論持續發展，在接下來的幾年，他們會偵測到某甲對某乙的看法或感受，也開始理解更複雜的話語，如謊話、反諷和譬喻（Wellman & Liu, 2004.）。自閉症光譜的孩子（ASD）這方面的發展較為非典型，不過還是可以提供他們明確的幫助（Bon et al., 2016；Hofmann et al., 2016.）。

心智理論是我們與生俱來就有、會漸進發展的能力，促進其發展的方法如右頁所示：

有助於培養心智理論的技巧

談論人的想法、願望、感受，以及驅使做出某種行爲的原因。在家裡討論偏見，也是反思、檢驗和分析的機會。培養孩子的好奇心，讓他可以發現其他有別於自己的小宇宙，並試著「從他人的角度思考」以更理解他人。

一起聽故事並討論，尤其是有意外轉折、祕密、詭計、過錯的故事，能驅使孩子以不同的方式看待事物（例如，小紅帽並不知道外婆是大野狼扮的）。經由影片或書籍，我們可以鼓勵孩子想像自己是故事中的角色，試著體驗他們的想法和感受。

用明確的方式關注每一方的想法，將我們（大人）及孩子的觀點和感受轉化爲言語。這需要猜測孩子要什麼、想什麼、感受到什麼，進而尋求孩子的確認。例如：「你以爲我不見了，所以你很擔心，是這樣嗎？」

多和孩子玩角色扮演和假裝的遊戲。角色扮演鼓勵孩子思考和實踐他人的視角，有助於心智理論的發展。例如，小朋友可以扮演媽媽、醫生、老師或公車司機。也可以一起玩運用和訓練心智理論的桌遊：「猜猜爲什麼」（Devine pourquoi！）[22]、「他在想什麼？」（A quoi pensent-ils？）[23]。

---

22. 一款考驗「情緒緣由的理解力」的遊戲卡，https://www.hoptoys.fr/habiletes-sociales/devine-pourquoi-p-4344.html
23. 孩子要假裝是卡牌上的人物，並幫他的對話框填空，https://www.hoptoys.fr/inference-pragmatique-comprehension/webber-a-quoi-pensent-ils-p-1226.html

解讀非話語的社交線索

　　留意他人的身體語言，對理解其感受是有幫助的，他人的臉部表情會提供與情緒有關的資訊；同樣的，語調也有關於情緒經歷的線索（他是不高興還是高興？）。分析對方的肢體語言、姿勢，可以得知他是否樂意交流。管理並尊重自己與他人的空間，是一項漸進的學習，如此才不會對我們的生活造成侵犯。

　　可以和孩子一起看關掉聲音的連續劇或是外語片，試著想像主角的感受。可以分析的「非語言線索」，包括了眼神交流、面部表情、語調、手勢、姿勢、反應的節奏和強度。

　　孩子漸漸發展出社交線索的理解力，也意識到他說話的態度會傳遞訊息給對方。正視對方的眼睛，是專注聆聽的表現；展現積極傾聽的態度，會傳遞我們確實傾聽的訊息給對方：「我在這裡。」而開放的姿勢，也能傳遞同樣的訊息。

與他人有效溝通並表達自我

執行功能的發展有助於習得心智理論（透過考慮到他人的想法、克制自我中心的想法、轉換觀點），也有助於豐富語言方面的掌握，也就是對談技巧。事實上，除了詞彙的多樣性，執行功能也對以下能力發展扮演舉足輕重的角色：開啟一個對話、控制輪流發言的節奏、根據情境進行得體的論述（Martin & McDonald, 2003.），以及推論能力（進行邏輯和隱含推斷）。這些能力不只涉及語言，還有交談的工作記憶、抑制力和靈活度（Geurts et al. 2010.）。

對談技巧的展現

+ 介紹／開啟一個話題。
+ 切合話題。
+ 尊重輪流發言（特別是何時、如何打斷發言）。
+ 加入一段進行中的對話。
+ 確認對方是否理解。
+ 在不懂時提問。
+ 敢說「我不知道」。
+ 轉換話題。
+ 避免發言過久。

我們可以用遊戲訓練孩子的實際對談技巧，例如「輪流說」（À tour de rôle），這個協作練習要求每位參與者輪流加上一句話（必須是有意義的，並且與先前的話不牴觸）來共同建構一場對話（可以用一疊代幣來表示輪到誰發言以及對話的進展）。桌遊「有口難言」（Taboo）[24] 能有效鼓勵孩子善用預設的情境，讓對方猜一個字。這考驗溝通的清晰和精準度，才能讓別人知道你想傳遞什麼，同時避免犯規說出禁忌詞！

培養社交自主也包括學習介紹自己、談論自己，以及守護自己的觀點、在別人太超過時立下界線，讓對方尊重我們。能夠自在有禮地表達自己的需要及想法，這是需要學習的能力。擁有自信的行事作風需要練習及良好的信心，才能避免在面對他人時太消極被動，或是太具侵略性；想讓孩子嘗試自我表達，角色扮演遊戲是很好的機會。

像是「ImProsocial」（鼓勵即興發揮）[25] 或「#Distavie」[26] 等遊戲對訓練表達意見、在社交關係中堅持自我都很有助益。另外，堅持自我也

24. https://mj9981168.pixnet.net/blog/post/167078577
25. 別人送你一件衣服但你不喜歡；隔壁同學考試想作弊抄你的；你把朋友借你的書弄壞了⋯⋯面對這些卡牌情境，你怎麼做？本款桌遊促使 8 ～ 14 歲的孩子思考各種棘手的社交情境、可能的面對方式，轉盤上有四種應對模式：情緒化的、不帶感情的、幼稚的、有建設性的，孩子必須做出對應的即興發揮。https://placote.com/products/improsocial
26. 遊戲簡介：「你最瘋狂的夢想是什麼？」「最美好的暑假回憶？」⋯⋯透過 146 張卡牌、多樣的話題（身分認同、社會、關係、未來、謊言⋯⋯），青少年得以表達並認識彼此。本遊戲有助於培養孩子的社交技能、迅速破冰，適合 12 ～ 17 歲。https://placote.com/products/distavie

包括在面對攻擊時知道如何回應，「下課接招」（Takattak à la Récré）[27]是一副卡牌遊戲，能訓練回話的機敏度（以增強自信、用幽默作為化解嘲笑的武器）。

表達自身觀點的 10 個關鍵

+ 表達意見時說以自己為主體（不把責任推給別人）。
+ 從自身感受出發來發言（「我覺得……」、「我想要……」）。
+ 把對自己很重要的事表達出來。
+ 冷靜地說，不具攻擊性。
+ 看著對方（非語言交流的重要性：音調、眼神、有自信的姿勢……等）。
+ 讓對方表達並真誠傾聽對方。
+ 學習說「不」。
+ 拒絕做與自身價值牴觸的事。
+ 尋求能尊重各方需求的折衷方案。
+ 對自己有信心，並學習在取悅他人前，先尊重自身的需求。

27. https://www.jeux-cooperatifs.com/shop/takattak-a-la-recre/

培養批判思考的能力

學習用批判的模式思考是一項重要的個人及社交技能，對透過數位工具可獲取無限量知識的世代更是如此。孩子必須能在整體的資訊中挑揀、賦予資訊意義，並分析、比較、連結不同資訊。

批判思考能力可經由親子日常互動培養，透過開放式的問題，能訓練孩子反思和解決問題的能力。

培養批判思考能力的 6 個建議

✦ 與其立即回答孩子提出的問題，不如問他：「你覺得呢？可以怎麼解釋這個現象？」來幫助他以思辨的方式思考，並幫助他訴諸話語和發展假設。例如當孩子問：「為什麼恐龍消失了？地球怎麼出現的？」你可以這樣支持他的思緒：「這是很棒的問題，你覺得呢？」之後再引導他，並逐步給他能幫助他繼續求知的訊息，孩子會更容易吸收自己主動思考過的資訊，而不是被動接收資訊。

✦ 允許孩子跟別人想的不一樣，可以鼓勵孩子用新的方式進行思辨，訓練他的創造力和解決問題的能力。你可以問類似的問題：「還有什麼方法是可以嘗試的？」並鼓勵孩子思考新的選項：「我們把所有可能的辦法都想一想。」對於刺激靈活度，是非常好的方法。

+ 選擇有結構的遊戲：讓孩子玩有益思辨精神的角色扮演遊戲或桌遊（尤其是探索因果關係、需要邏輯的遊戲），或是嘗試科學實驗。

+ 鼓勵自由玩耍的時間：孩子的思辨精神通常是在他獨自玩耍的以下情境產生的：在需要做出選擇、規畫他的時間、從無到有創造、想像等時刻。

+ 鼓勵日常生活的情境式辯論：每個人都可以表達自己的觀點，同時尊重他人的想法。你可以鼓勵孩子：「是什麼原因讓你這麼說呢？」讓他提出理由或例子，說明爲何贊成或反對某事，並更明確地表達他的想法。

+ 要在學校培養思辨精神，分成小組就某觀點進行辯護、提出論點，通常可以收到很好的效果。哲學工作坊是培養傾聽、思考和思辨精神的絕佳時機，就孩子生活中重要的主題進行討論（友誼、幸福、自由等）。父母則可以運用相關素材在家中談論這些主題，如《小小哲學家系列》（上誼文化公司出版）、《哲學種子系列》（米奇巴克出版）等。

解決社交問題

我們在前文看到如何幫助孩子建立行為調節、靈活思考、理解他人想法、溝通和堅持自我的社交能力，這些都有助於孩子在社交方面感到愉快。同樣的，解決社交難題也是一種能力，能幫助他走出人際關係的死胡同，讓友誼更堅實長久。從孩子小時候就可以學習如何解決問題，並在成長過程中不斷演練。

塞利娜‧阿爾瓦雷斯（Céline Alvarez）在她的著作《兒童自然法則》（*Les Lois naturelles de l'enfant*，暫譯）及她網站上（www.celinealvarez.org）的影片裡強調幼兒園起就培養積極聆聽、尊重他人，並於衝突時一起思考找出修復方法的重要性。解決問題是調解和社交學習的機會，透過協作和同理的情境（聆聽他人想法、清楚有禮地表達自己的願望、做出妥協、原諒）來鞏固情感上的理解，和達到社交衝突的化解。

「解決問題」意指尋找方法適應新情況的過程。桌遊「沒問題」（Sans problème）[28] 是趣味且能刺激孩子的方式，必須發揮創意並擺脫麻煩的情境（玩家要選擇符合情境的最佳「對策卡」）。

理解當下的社交情境就如同解決問題一樣，要做到這點，必須具備靈活度與縱觀整體情形的能力。有組織、結構化的方法，能引導孩子自動自發找到解方、走出困境。

28. https://placote.com/products/sans-probleme

　我們可以幫助年幼的孩子分析情況、讓他跳脫自己的觀點、了解他人經歷的情緒。當他卡住或情緒強烈時，可能會難以找到往前的方法，這時利用視覺化輔具如「社交問題解決輪盤」可以幫助他應對。

　同樣的，市面上也有提供解決衝突策略的海報（像是 Hoptoys 的「衝突解決方案」海報[29]），上面提到諸如表達自己的情緒、確實聆聽對方、遠離、求助或提供幫助、一起想辦法解決、道歉，以及一起進行活動以更加認識彼此、進行彌補、抽籤決定……等等。

© shutterstock

29. Affiche des solutions aux conflits，https://www.hoptoys.fr/habiletes-sociales/affiche-des-solutions-aux-conflits-p-12840.html

離開、放手

要求對方停止

等一等、
冷靜下來

做別的活動

不要理對方

問題
解決輪盤

猜拳決定

找人說出來

說話時
用「我」當
主詞

請求原諒

　　年紀大一點的孩子面對的社交情境更為複雜，導致他難以找到分析方法和規畫解方，大人的陪伴可以幫助他起步，進而去解決。研究顯示，加強組織能力可以幫助解決問題（Dupays & Didierjean, 2012.），基於這點，我們在此介紹 SODAS 辦法（1973 年由 Jan Rosa 提出，這裡做了增修）。

　　這個辦法有助於分析情況、比較不同行動的可能後果以及可能的解方。解決計畫包含五步驟，如右頁所示。

　　我們在本章提到許多有助孩子社交自主及心理發展的技能，特別是透過社交歸屬感；而在社會上獲得自信和培養思辨精神，也有助於形塑孩子的性格。

S   + 情況（Situation）

讓孩子藉由回答以下問題，釐清他遇到的問題：人？
事？時？地？物？為什麼？

O   + 選項（Options）

與孩子一同思考、列舉他擁有的解決選項，試著找出
至少 3 個。

D   + 缺點（Désavantages）

檢視解決選項，並為每個選項列舉至少 3 個缺點。

A   + 優點（Avantages）

檢視解決選項，並為每個選項列舉至少 3 個優點。

S   + 解方（Solution）

最後檢視每個選項及其優缺點，選擇最好的一個來解
決問題。

CHAPTER 5

學習＆神經發育障礙與自主性

前文讓我們了解執行方法的重要性，以培養孩子在情緒管理、學習和學習動機方面的自主性。在關注完典型發展的孩子後，本章會關注具有特殊需求的孩子，特別是有學習障礙或神經發育障礙（注意力缺失症，伴有或不伴有過動症或自閉症）。

為非典型發展的孩子提供具體的協助是非常重要的，因為他們通常伴隨相關的執行障礙（Kofler et al., 2019; Blijd-Hoogewys et al., 2014; Corbett et al., 2009.），進而影響他們的自主性。執行功能對多個發展及認知區域產生影響，這就是為什麼我們有可能在執行功能有缺陷的孩子身上發現「多重障礙」的情形，稱為「執行功能異常症候群」。

在本章，我們會提供適合這些孩子特殊需求的協助，透過建置輔具（技術支援及工具的調整），讓他們能達到一定程度的學業自主。另外，對這類孩子很重要的是：強化他們繞道的方法，學習用其他方式學習，尤其是借助他自身的強項。

兒童神經心理衡鑑及解讀

在法國，神經心理衡鑑是更了解孩子發展及認知情形的重要步驟，能確定他的強項與弱項。根據孩子生活所遭遇的困難，測驗可能評估以下層面：智力、注意力、執行功能、記憶力、視覺空間判斷、動作和寫字畫畫方面。這些測試會輔以問卷，以便更具體評估日常生活的實質困

難。若有提及某樣執行障礙，衡鑑將能進一步確認該弱項功能（針對「缺乏抑制力的衝動個案」和「缺乏主動性的消極行為個案」，檢測的內容是不同的），以及要靠哪些部分來強化其他功能。在衡鑑結束後，很重要的是進行兒童神經科諮商會診，以得知孩子是否診斷有任何「障礙」，進而依據孩子的情形訂定最好的治療方案。

孩子被診斷出執行功能障礙，怎麼辦？

增進對執行功能作用的理解

由醫事人員對親子提供有關執行功能的心理教育，有助於建立生活中的輔助策略，並對孩子的情況有更好的了解（包括能增強孩子信心和動力的強項，以及他的弱項）。家長在日常生活中的支持對孩子相關的發展至關重要，包括：創意、思考的自主性、社交生活，以及孩子在課外活動及日常任務中訓練執行功能。

課堂的教學調整

課堂上可以提供教學調整，以協助孩子進行課堂任務，包括對多重指令的細緻理解、課業規畫或時間管理。如果學業上的困難太大，無法接受一般教育，可考慮轉往特殊班。

學習治療追蹤計畫

　　根據不同性質的障礙所引入的學習治療，能夠針對弱項功能進行定期且個人化的課程，以便鍛鍊弱項功能、為遭遇的困難進行補救，同時鞏固原有的功能。這類療程旨在讓輔助工具的使用更上手。療程是互不相同且互補的（孩子不一定需要所有的療程，兒童神經科醫師的意見在此非常重要，能整合協調各項照護資源，並視孩子的情況及進展為家長提供指引）。

　　在下一頁的表格中，我們列舉不同執行功能的學習治療所能帶來的幫助（除此之外，每個特定領域的治療亦有其他療效）。

　　一言蔽之，統合性的治療對執行功能障礙通常是有益的，因為除了學習治療的追蹤，它還有助於後設認知（孩子對自己情況的了解）、為父母提供指引，以及情緒調節方面的關注。

　　另外，各種學習障礙、神經發育障礙相關協會所能提供的協助也十分重要；協會能確實建構有效的支持網絡：日常的具體幫助、相同狀況的家庭可以彼此分擔、交流⋯⋯等等。

★ 台灣相關資源請上「衛生福利部社會及家庭署發展遲緩兒童通報暨個案管理服務網」，https://system.sfaa.gov.tw/cecm/

治療名稱	目的
✦ 語言治療	訓練口語表達、書寫表達及語言相關的執行功能（工作記憶、細緻的理解能力、說話的組織能力、撰寫、推理、語用學）。
✦ 心理運動技能	改善動作協調、預想運作機能、力道調節（動作時力道的拿捏）。
✦ 職能治療	學習使用鍵盤和軟體，幫助筆記習慣的建立、日常用具規畫、改善動作協調。
✦ 數理邏輯補強教學	加強數學認知及數學科會用到的執行功能（抽象規畫、工作記憶、解題能力）。
✦ 認知相關輔導	培養後設認知（理解自己的認知運作、專注力與記憶力機制）、訓練執行功能，特別是透過建立更好的生活策略（選用符合其自身生活狀況與環境的輔助，加上小組討論以補強）。
✦ 認知與行為治療	幫助孩子情緒與行為管理，以及理解社交情境。
✦ 特殊教育者定期追蹤	透過到府輔導，訓練孩子日常生活的自主性（透過循序漸進的輔助、教具等），並提供家人教育方面的建議，以引導、協助家長的教養技能。

針對注意力與執行障礙的藥物支持

一般用於 ADHD（注意力不足過動症）孩童的藥物治療能改善執行功能，特別是工作記憶、抑制能力和運動協調方面（O'Driscoll et al., 2005；Vance, Maruff & Barnett, 2003.）。代表性的藥物是派醋甲酯（如利他能、專思達、Quazym、Medikinet 等藥品皆以此為主要成分），藉由阻斷多巴胺的回收，進而提高多巴胺濃度。多巴胺是一種神經傳導物質，扮演前額葉網絡的促效劑角色。

符合個案需求的輔具

可以考慮利用輔具彌補遇到的障礙。下表介紹的適應作法提供一些調整的可能途徑，以幫助學習障礙的孩子建立自主性。由於每個孩子都不一樣，在適應作法的選用上，需要在了解孩子的專業人士協助下，深入考量孩子的情況以及個別需求。

閱讀障礙・拼寫障礙

閱讀障礙・拼寫障礙是一種特定的學習障礙，影響閱讀或拼寫的習得及自動化。

困難點	輔助工具
✦ 辨讀文字 缺乏流暢性、錯誤、替換字、混淆、顛倒、斷句困難、跳行……等情形	☐ 透過遊戲促進書面語的學習。 ☐ 以下桌遊可訓練視覺分析能力：Lynx[30]、嗒寶、威利在哪裡、找出兩張相似圖的不同之處等。 ☐ 若工作記憶有困難，可選用市面的參考教材。 ☐ 讓孩子的閱讀素材多樣化，如書籍、漫畫、兒童雜誌、商品標示、廣告看板……等。 ☐ 修改文本的樣式，更容易閱讀：開本加大、間隔加大。字體方面可選用 14 甚至 16 級字，英文字型可選用 OpenDyslexic（可免費下載）、Comic Sans、Arial。每行或每段替換顏色。 ☐ 善用不同感官輸入學習（視覺型、聽覺型、觸覺型）。 ☐ 使用數位工具彌補識讀自動化的困難：語音聽寫、文本朗讀功能、文本顏色調整[31]、字體放大軟體（如 ZoomText）、OCR 光學字元辨識（將手寫文字轉換為電腦可編輯、搜尋的文字）、預測字詞功能、校正功能。 ☐ 使用掃描筆、攜帶式掃描器或掃描滑鼠將文本掃描，進而透過語音合成器朗讀出來。 ☐ 用錄音筆錄下課程，以便之後聆聽。 ☐ 使用閱讀輔助燈（如 Lexilight 檯燈）。

30. 參考影片 https://www.youtube.com/watch?v=HwUK51KuSKA
31. 適用於英、法文，https://lirecouleur.arkaline.fr

✦ 理解文字	☐ 教孩子拼字的記憶法，並幫助他創造文字的心理圖像。 ☐ 提升文本理解能力的 3 步驟： 　1. 閱讀前，喚醒孩子的先備知識（他對該主題有何認識？）、給他閱讀動機（為什麼讀這篇文章？）、與他一起抓出本文的關鍵詞（快速瀏覽過）。 　2. 經常停一下，確認是否理解。 　3. 總結閱讀內容（透過畫心智圖或自問：我知道什麼、我想知道什麼、我學到什麼）。 ☐ 用閱讀條、閱讀規等輔具增進閱讀的專注度與正確的字序／行序吸收。 ☐ 和孩子輪流朗讀（他唸一句，你唸一句）。雙聲朗讀是學習閱讀的有趣方式。 ☐ 若辨讀對孩子過於費力，可幫孩子朗讀以免他認知超載。 ☐ 即便閱讀有障礙，孩子還是可以透過有聲書獲得知識與文化。 ☐ 也有給閱讀障礙兒童的書籍，文字會經過調整（包括紙本書及電子書）。

★ 相關中文閱讀、書寫、計算輔具，可上「全國特殊教育資訊網」查詢，https://special.moe.gov.tw/article.php?paid=170

語言障礙是一種影響口語表達或理解的特定學習障礙。

困難點	輔助工具
✦ 口語理解	☐ 調整傳遞訊息的方式：將語速放慢並清楚地咬字，建立眼神交流，利用動作、手勢，強調臉部表情，換句話說、重複表達，依據孩子的理解能力調整用字，將要傳遞的訊息排序，一次只給一個指令（避免雙重任務），可藉由提問或請孩子複述來確認他是否了解。 ☐ 透過視覺輔助：塗鴉筆記、心智圖、象形圖（網路上有象形圖庫 Arasaac、將句子轉化爲象形圖的產生器 Pictofacile.fr……等）。 ☐ 透過閱讀（若對孩子有效的話）及書面語言輔助軟體（參見「閱讀障礙‧拼寫障礙」）。 ☐ 從簡單的字詞開始訓練心智表徵。

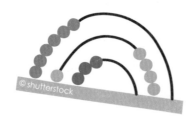

@shutterstock

★ 相關中文溝通輔具，可上「全國特殊教育資訊網」查詢，https://special.moe.gov.tw/article.php?paid=171

✦ 口語表達	■ 嚴重的語言障礙者可以使用將象形圖轉化爲口語的軟體與外界溝通，如 Araword、CBoard、Let Me Talk。 ■ 有應用程式能掃描文本，並轉化成象形圖或朗讀出來（如 Picto Pic）。 ■ 可使用應用程式如 Leximage[32] 來幫助記憶字彙。 ■ 有助孩子發展口說的建議：可給出字詞的開頭做提示、藉由將孩子的話換句話說、唸故事、唱童謠給他聽、說出你正在執行的動作來豐富他的口語表達。鼓勵發言但不強迫孩子說話。訓練孩子詞彙的分類、同義詞、反義詞。玩鼓勵說話的桌遊〔「猜猜問題是什麼？」（Quelle est la question？）[33]、「想像你的童話故事」（IMAGINE TON HISTOIRE）[34]、「我如何收養一條龍」〕。學習表達自身的情緒（情緒卡、模仿遊戲）。 ■ 用 Toobaloo® 「聽覺反饋電話」，朗讀時能清楚聽見自己放大的聲音。

32. 該應用程式可讓使用者建立自己的圖像字典：將物品拍照、請旁人標上該物的字詞，或確認拼法是否正確、協助錄下發音。應用程式也可用來做為學習外語之用。

33. 每張卡牌描繪一個情境，當中有一個人物在問問題。孩子必須觀察圖畫，猜測問題是什麼。共 56 張卡牌，3 歲以上適玩。https://www.hoptoys.fr/inference-pragmatique-comprehension/quelle-est-la-question-p-2246.html

34. 本遊戲含 36 張圖案卡牌，適合 4 歲以上兒童，2 到 4 位玩家，玩家藉由抽到的卡牌編故事。玩法一：第一位抽一張卡牌並秀出，看圖說故事，第二位接著也抽一張，把故事接下去，以此類推。玩法二：每人抽 3 張卡，用抽到的卡編一個故事，最後票選出最喜歡的故事。https://puzzlemichelewilson.com/fr/product/jeux+de+societe/petits+jeux/7850,imagine-ton-histoire-hc.html

動作協調障礙（發展協調障礙）

　　動作協調障礙是一種特定學習障礙，影響某些動作的執行及自動化（如：意想運動性失用症）或對空間的視覺接收和動作（如：視覺性空間定向障礙）。

困難點	輔助工具
✦ 整體動作協調和精細動作控制	☐ 選擇孩子更容易操作的工具，如特殊設計的剪刀（hoptoys.fr）、直角處標零的透明三角尺 [35]、有把手的尺（materieldys.com）[36]、thaMograph 四合一繪圖工具（便於畫圓，並合併尺、三角板、量角器、圓規的功能：thamtham.fr）[37]、「幾何繪圖套組」（Trousse Géo tracé）能在螢幕上操作幾何繪圖，無須手繪。 ☐ 有關進展到手寫的輔具，請參閱接下來有關書寫障礙的部分。

35. https://www.amazon.fr/Equerre-Incassable-positionn%C3%A9-Pr%C3%A9hension-ergonomique/dp/B07R7BWPP6?th=1
36. https://www.materieldys.com/dyspraxie/264-regle-30-cm-aluminium-avec-poignee.html
37. https://thamtham.fr/notice/

✦ 口語表達

- 盡可能加大文字間的間隔（一項練習一頁、簡化圖表、圖畫等）。
- 使用斜的書寫工作桌面。
- 使用不同顏色底線的簿子。
- 使用 Time Timer 倒數計時器來幫助孩子規畫和管理時間。
- 使用「魔法書包」網站上的數學工具包模板 [38]。
- 魔法書包網站的 Word 功能區可進行四則運算，包括進行直式計算、單位換算、比例式，並可列出乘法表、加法表。
- Posop 軟體 [39] 可幫助孩子進行四則運算。
- 如果孩子在空間定向或操作上有很大的困難，可求助於幾何軟體 GeoGebra、Cabri Express，以及平板電腦的應用程式如 Geometry Pad。
- 閱讀時，相鄰的字行使用對比色。
- 使用框字紙板、閱讀條等工具（讓資訊的閱讀吸收更容易）。

38. https://www.cartablefantastique.fr/outils-pour-compenser/les-kits-mathematiques/
39. https://ressources-ecole-inclusive.org/posop/

書寫障礙

書寫障礙是一種影響手寫字動作的特定學習障礙。

困難點	輔助工具
✦ 組成可辨認的字	☐ 寫作業時，讓年紀小的孩子能在不用書寫的情況下組成拼音，可利用注音、字母磁鐵及有磁性的板子、蒙特梭利可移動字母盒、蒙特梭利英文字母砂字板。 ☐ 如果書寫動作還無法自動化，可改用鍵盤。 ☐ 運用數位工具：平板電腦的筆記軟體、文字檢查軟體、將手寫筆記轉換為可編輯文字檔的筆式掃描儀、攜帶式掃描器、攜帶式掃描滑鼠；如果學習打字太過費力可用語音聽寫工具（語音聽寫功能）、書寫預測工具……等。
✦ 紙上的空間間隔	☐ 使用不同顏色的行線。 ☐ 使用與數位工具相容的書寫載體。
✦ 慢速	☐ 提供可以讓孩子用自己的速度書寫的自主聽寫測驗（事先錄製聽寫，孩子聆聽音檔並慢慢寫，必要時可按暫停或重聽）。 ☐ 提供填空或選擇的聽寫題。

	☐ 使用合適的輔助工具：握筆套、人體工學鉛筆及原子筆、人體工學寫字斜板，手抖的話可用加重筆。
✦ 握筆、姿勢	☐ 矯正姿勢：背部挺直（背部與大腿呈直角），雙腳著地或放在擱腳板上，紙張稍微傾斜（左撇子紙張向右傾斜，右撇子向左傾斜，並比左撇子的傾斜角度少一些）。

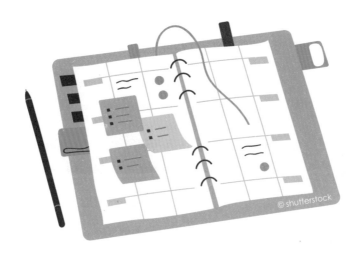

©shutterstock

是與注意力和執行功能障礙相關的神經發展障礙，伴隨（或不伴隨）過動－衝動。

困難點	輔助工具
✦ 注意力與執行功能	☐ 參考培養學業自主的的章節中，有關學習策略與記憶法的部分（CPARTI、FOCUS 等，P78 ～ 81）。 ☐ 激發孩子的學習興趣，讓學習變得有互動性。 ☐ 使用降噪耳機幫助集中注意力。 ☐ 使用桌面隔板。 ☐ 透過阻斷或限制特定網站的連線次數，讓孩子用 3C 產品學習時能保持專心。例如以下工具：StayFocusd、Freedom、Nanny。
✦ 衝動	☐ 使用「停，想一想，再行動」的方法，並將這個守則以象形圖呈現，貼在他的書桌前提醒他（參見學習章節的「抑制力」部分，P80）。 ☐ 與孩子共同選定一個代碼（作為與他溝通的特別標誌），以幫助他在衝動時提醒自我調節。 ☐ 鼓勵孩子先數到 5，再回答。

40. https://www.hoptoys.fr/fournitures-scolaires-ergonomiques/tilo-stool-p-12780.html
41. https://www.hoptoys.fr/espace-bureau-ergonomique/coussin-dynair-premium-enfant-33-cm-p-1156.html
42. https://www.hoptoys.fr/espace-bureau-ergonomique/sit-n-gym-p-13827.html
43. https://www.hoptoys.fr/fidgets/fidgety-feet-p-13838.html
44. https://www.hoptoys.fr/espace-bureau-ergonomique/busylegz-p-9348.html

✦ 躁動 不安	□ 允許孩子在限定的時間以內、為明確目的而動作（給予任務）。 □ 允許他由坐姿換成站姿，特別是在做作業的時候。 □ 使用各式輔具如：咀嚼項鍊、緩解壓力的擠壓球或軟玩具、加重絨毛玩偶（對躁動不安有安撫作用）、書桌型腳踏車（見 velo-bureau.fr）、Tilo 凳（讓動態、有彈力的坐姿成為可能）[40]、Dynair 坐墊（充氣坐墊，動來動去時提供緩衝）[41]、Sit'n'gym 瑜伽球椅[42]、Fidgety feet[43] 或 Busylegz[44] 都能讓坐立不安的孩子在桌下擺動足部。
✦ 組織、 計畫	□ 透過視覺化的提醒，建立穩定的常規。 □ 使用記事本、日曆、三欄位的待辦清單（待做／進行中／已完成，並視任務的進度移動便利貼）。 □ 使用方便收納的多層索引文件夾、倒數計時器等工具。 □ 可考慮協助規畫的數位工具，如專案管理應用程式 Trello、ToDoList App、桌面便條紙 PNote Portable、滴答清單 Tick Tick、Tasks（Microsoft To Do）、Google 的日曆、Keep 和 Tasks 應用程式。
✦ 記憶	□ 可用網路上現成的心智圖（mescartesmentales.fr）或透過以下工具自己做：Framindmap、XMind、Coggle、MindMeister。 □ 用線上軟體如 Powtoon 或 Moovly，或平板電腦的應用程式 Book Creator 製作短片。 □ 用 Quizlet、Plickers、Kahoot 等應用程式，來驗收知識吸收及幫助提取記憶。 □ 可選用綜合整理講義。

自閉症類群障礙（ASD）

自閉症類群障礙是一種神經發育障礙，主要影響溝通和社交互動，並伴有侷限興趣和重複行為。

困難點	輔助工具
✦ 社交技能、情感、溝通	□ 善用不同功能的應用程式：安撫情緒和理解社交情境（如 Emoface Play&Learn、Social Handy）、促進溝通（如 Abilipad、Niki Talk、LetMe talk、TSARA、Words in Pictures、Communico Tool）。 □ 用社交腳本進行練習，可以使用故事的形式、漫畫、影片。 □ 事先告知並幫助孩子為即將到來的活動做心理準備（看牙醫、理髮等）。 □ 利用右頁的社交同心圓，教導孩子親疏遠近的概念，以及尊重他人的界線、恰當的社會互動。 □ 若溝通能力嚴重受損，可嘗試用圖片交流的方式溝通（Picture Exchange Communication System，圖片溝通交換系統，簡稱 PECS）。 □ 另請參見 P93「社交技能的培養與自主性」章節的建議。

45. https://www.hoptoys.fr/stimulation-proprioceptive/enveloppe-sensorielle-p-12914.html
46. https://www.amazon.co.uk/iMedic-12pcs-Pop-Tubes-Children/dp/B085F2CMQP/ref=sr_1_3_sspa?keywords=sensory+tubes&qid=1689997328&sr=8-3-spons&sp_csd=d2lkZ2V0TmFtZT1zcF9hdGY&psc=1

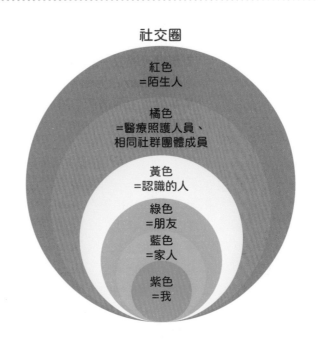

社交圈

紅色
=陌生人

橘色
=醫療照護人員、
相同社群團體成員

黃色
=認識的人

綠色
=朋友

藍色
=家人

紫色
=我

+ 對感官刺激
的超敏反應
或反應不足

☐ 避免感官超載反應，建議使用適宜輔具創造一個感官隔絕空間，如：降噪耳機或耳塞、感官包覆膜[45]和重力擁抱毯，以及觸覺探索輔具──球、玩具、軟毛刷，透過多樣的表面（粗糙、柔軟、黏黏的、光滑的、冷的、毛絨絨的）來刺激觸覺、趣味感官拉伸管[46]。

☐ 可以在 recetteeducative.canalblog.com 上找到手作感官輔具的妙招。

☐ 試試以下感官遊戲應用程式：Sensory iMeba、Magic Finger、PeeknPlay、Black & white、Music Color Lite、Soothing、Fluidity。

✦ 規畫和時間管理	☐ 若想藉由圖示和提醒來制定個人化的時程表，可嘗試應用程式 Routine Amusante。 ☐ 要創建時間表、例行事項、傳達訊息，可在以下網站 vecteezy.com、freepik.com 免費下載圖片。 ☐ 多多建立生活慣例，特別是用視覺化的方式將時間表張貼起來。
✦ 學習	☐ 請參閱 P134「注意力不足（過動）症及執行功能障礙症候群」的建議。 ☐ 給簡短、合乎順序、清楚的指令。避免用象徵意義的語言和雙關語。將資訊明確傳達（避免需要推論隱含的意思）。 ☐ 建立「開始專心」的一系列例行儀式動作，以及活動間過渡的輔助（視覺化的時鐘、清楚呈現待辦事項及下一個活動的工作列表）。視情況調整期待及活動長度。 ☐ 以下是一個例行動作列表的範例〔擷取自安妮·加涅（Annie Gagné）所著《如何在我的課堂迎接一位自閉症障礙生》（*J'accueille un élève ayant un trouble du spectre autistique dans ma salle de classe*，暫譯）〕： ☐ 我在座位坐好，面對老師。 ☐ 老師上課的時候，我聽他說話。 ☐ 要提問或回答的時候，先舉手。 ☐ 把黑板上的筆記抄到筆記本。 ☐ 把功課抄到聯絡簿。 ☐ 在我的本子上練習。 ☐ 當我做完，可以去讀兒童雜誌或玩填字遊戲。

☑ 利用下頁圖卡幫助孩子表達他的需求（休息卡、求助卡、「放鬆許可證」、碰到意料之外的情形可使用的「意外卡」）。

我需要幫忙

我要休息一下

2 分鐘

5 分鐘

☑ 在麗莎‧羅傑斯（Lisa Rogers）的書《理解自閉：使用視覺輔具建立在校正向行為》（*Comprendre l'autisme, construire des comportements positifs à l'école à l'aide de supports visuels*，暫譯）中有許多圖可以參考利用。

☑ 用正強化的方式，鼓勵他的學習和恰當的行為。

☑ 多促成孩子與他人交流、討論感興趣主題的機會。

□ 使用視覺型的提醒（有無插圖皆可，視孩子的發展程度而定）來建構孩子的學習空間（例如，每個抽屜以標籤標示清楚）、鼓勵合宜的行為（活動開始前提醒活動規則、將教室守則張貼在牆上）、提供有步驟的行動計畫（按照步驟解數學題、將要進行的任務排列步驟順序）、規畫他的活動行程、提供清楚的時間表（以視覺化的時鐘呈現）、兩欄式工作清單（待完成／已完成）、檢查物品的清單。

□ 在以下網站可獲得更多相關建議：autismeinfoservice.fr、autisme.fr、autisme.qc.ca、applications-autisme.com。

　　由上可見，經由特定及符合需要的協助，可以培養學習障礙或神經發育障礙孩子的自主性，而這些輔具也有助於培養更好的自信以及學習動機。

給予孩子發展自主性的實質支持

　　無論孩子的成長歷程是典型或非典型，身為父母，我們都會希望給他最好的，因此我們有時會傾向幫他做事（不論是為了節省時間、促使他成功、避免不便或失敗的情形等）。然而，讓孩子展現潛能的最好方法是讓他自己嘗試：在有組織、安心的環境且關懷的注視下，發展他的主動性、組織能力和解決問題的能力。

　　研究顯示，家長抱有鷹架的理念，就是孩子發展自主性的實質支持，也是孩子學業成就和個人發展的彈跳板——因為自主性是身而為人的根本需求。

　　透過日常事務、從事一項運動、娛樂類和文化類活動，還有豐富多元的社交，孩子的自主性得以增長，他的執行功能——包含認知策略與情緒、行為管理層面，也會進一步發展！

謝詞

　　感謝所有我們在醫院及私人看診過程中所陪伴的家庭，他們讓我們明瞭自主性在日常生活中有多麼重要，並得以建構適合每個孩子不同生活面向的輔助工具。也要感謝在非典型兒童的臨床追蹤中，和我們組成互補團隊的兒童神經科醫師！

國家圖書館出版品預行編目資料

培養自主力，讓孩子從拖拉變積極：從學業、情緒、行為、語言、動作到社會
發展，有效協助 0~15 歲孩子掌握 6 大領域自主性！/ 潔西卡．薩芙 - 貝德柏
（Jessica Save-Pédebos），安卡．芙洛雷亞（Anca Florea）著；孫祥珊譯 . -- 初版 .
-- 臺北市：日月文化，2024.05
152 面；16.7*23 公分 . --（高 EQ 父母；100）
譯自：Comment développer l'autonomie de son enfant?
ISBN 978-626-7405-59-8（平裝）
1. 自主學習 2. 學習心理學 3. 子女教育 4. 親職教育
528.2   113004008

高 EQ 父母 100

培養自主力，讓孩子從拖拉變積極

從學業、情緒、行為、語言、動作到社會發展，
有效協助 0~15 歲孩子掌握 6 大領域自主性！

Comment développer l'autonomie de son enfant?

作　　者：潔西卡．薩芙 - 貝德柏（Jessica Save-Pédebos）、安卡．芙洛雷亞（Anca Florea）
繪　　者：柯琳．吉拉德（Coline Girard）
譯　　者：孫祥珊
主　　編：俞聖柔
校　　對：俞聖柔、魏秋綢
封面設計：之一設計工作室／鄭婷之
美術設計：LittleWork 編輯設計室

發 行 人：洪祺祥
副總經理：洪偉傑
副總編輯：謝美玲
法律顧問：建大法律事務所
財務顧問：高威會計師事務所
出　　版：日月文化出版股份有限公司
製　　作：大好書屋
地　　址：台北市信義路三段 151 號 8 樓
電　　話：(02)2708-5509　傳　　真：(02)2708-6157
客服信箱：service@heliopolis.com.tw
網　　址：www.heliopolis.com.tw
郵撥帳號：19716071 日月文化出版股份有限公司

總 經 銷：聯合發行股份有限公司
電　　話：(02)2917-8022　傳　　真：(02)2915-7212
印　　刷：軒承彩色印刷製版股份有限公司
初　　版：2024 年 5 月
定　　價：320 元
I S B N：978-626-7405-59-8

Comment développer l'autonomie de son enfant?
© First published in French by Mango, Paris, France – 2022
Complex Chinese translation rights arranged through The PaiSha Agency
Complex Chinese translation copyright ⓒ 2024 by Heliopolis Culture Group Co., Ltd.

生命，
　因家庭而大好！